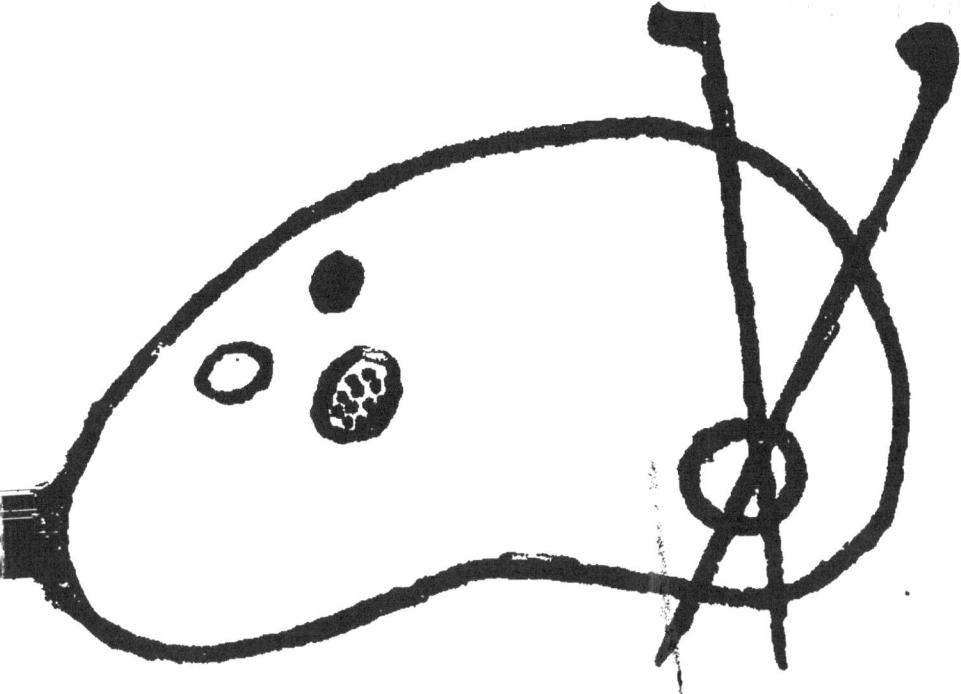

Couvertures supérieure et intérieure
en couleur

ARMAND SILVESTRE

FABLIAUX
Gaillards

PARIS
A LA LIBRAIRIE ILLUSTRÉE
7, RUE DU CROISSANT, 7

Tous droits réservés

CHEZ TOUS LES LIBRAIRES

ET DANS LES GARES

LES
Cas Difficiles

NOUVELLES JOYEUSETÉS

PAR

ARMAND SILVESTRE

La Dame surprise. — Le Mari convaincu
L'Amant interrompu. — Pris pour un autre. — Qu'est-ce qu'il ?
Les Deux Cincinnatus
Le Comble de l'Hospitalité. — Nuit d'Avril
La Confidence. — L'Incongru. — L'Invasion. — La Chaude
Hyménée. — Bernadette
Tout Chemin mène à Rome. — Bibliographie comparée
Innocence. — Éliane. — L'Orage
Trente ans après. — En Mer. — Érudition
Le Parfum. — Le Remords. — Le Vœu. — Le Nid
Bonne Fortune, etc., etc.

Un beau Volume in-18 jésus

Prix : 3 fr. 50

A. WARMONT 29-31, rue Jacob

FABLIAUX GAILLARDS

DU MÊME AUTEUR

JOYEUSETÉS GALANTES. . . . . 1 vol.
CONTES INCONGRUS. . . . . 1 vol.
GAULOISERIES NOUVELLES . . . . 1 vol.
LES CAS DIFFICILES. . . . . 1 vol.
LE LIVRE DES JOYEUSETÉS. . . . . 1 vol.
LE DESSUS DU PANIER . . . . 1 vol.
AU PAYS DES SOUVENIRS . . . . 1 vol.
AU PAYS DU RIRE. . . . . 1 vol.

ÉMILE COLIN — IMPRIMERIE DE LAGNY

ARMAND SILVESTRE

FABLIAUX GAILLARDS

PARIS

A LA LIBRAIRIE ILLUSTRÉE

7, RUE DU CROISSANT, 7

Tous droits réservés.

LE LUNIUM

LE LUNIUM

I

Un rude savant, tout de même, le docteur Yvan Péterson, dès deux facultés de Moscou et de New-York ! Astronomie, médecine, chimie, géométrie, il savait tout et particulièrement le reste, qui est l'essentiel. Entendons, s'il vous plaît, par le reste, l'art précieux, fécond et tout à fait divin de se ficher du monde. Il y excellait comme pas un, à une époque cependant où ce métier est commun de vivre aux dépens de la bêtise humaine, et où tant de gens n'ont pas d'autre ferme en Beauce que la stupidité de leurs contemporains. Mais lui était certainement un des plus habiles cultivateurs de ce genre de domaine.

Et sa femme ? fort agréable à voir, ma foi ! madame Yvan Péterson, une Autrichienne aux yeux et aux cheveux noirs, avec des dents superbes et un air déluré tout à fait avenant. Aimait-elle son mari ? — Comment, c'est vous qui me faites cette bête de question-là ? — Certainement, elle l'aimait ! Ces charlatans ont toujours eu pour eux les femmes. Il y a peu de gens plus adorés dans leur ménage que les dentistes. On cite des députés qui ont fait des passions. Oui, messieurs, Eva avait pour son mari tous les sentiments d'admiration et de déférence qu'un homme sensé puisse souhaiter dans sa légitime compagne. Mais lui était-elle fidèle ? — Décidément, vous avez aujourd'hui la spécialité des curiosités saugrenues ! — Certainement non ! Elle avait joliment raison, la superbe créature ! Cela n'a rien de contradictoire, au moins. Beaucoup de femmes sont ainsi, qui ont des amants, mais dont le mari est cent fois plus à envier, parce que sa part est sensiblement la meilleure, outre qu'elle est là moins sujette aux remords intempestifs. Une des beautés du divorce est certainement qu'il permet aux amants constants de goûter à leur tour les légitimes douceurs de la possession officielle, bien que la loi ait fait de son mieux pour empêcher ce sublime résultat. Le plus grand nombre s'en applaudit. J'ai été souvent frappé, dans les ménages à trois, de la situation injustement humiliante de l'amant. Les trois quarts du temps, c'était lui le vrai cocu. Il fallait bien que cela changeât! Et maintenant vous savez comme moi que la belle Eva avait des faiblesses. En ce temps-là, c'est mon ami Jacques, cet *alter magot* que m'a donné le destin qui en profitait. Et il en profitait, en conscience, l'animal, absolument comme je l'eusse fait moi-même. User simplement du cocuage est une erreur. Il convient d'en abuser comme de tout ce qui est interdit.

II

Ah! quelle soirée, mes ratons! Un grand dîner l'avait précédée; puis on avait entendu un certain nombre de gargouilleurs à la mode. Actuellement on effectuait une petite sauterie dans le grand salon, durant qu'on jouait au whist dans les autres, à moins qu'on n'y causât, le dos aux cheminées, des choses de la science, de l'amour et du gouvernement. Mais à minuit, à minuit seulement devait avoir lieu la surprise, une surprise astronomique, s'il vous plaît. Le docteur devait montrer à ses invités la lune. Vous et moi, madame, nous ne ferions pas tant de cérémonie pour cela. Mais aussi combien la chose aurait moins d'importance! Vous ne savez pas pourquoi le docteur Yvan Péterson tenait à montrer solennellement la lune? Parce qu'il prétendait avoir découvert un nouveau corps simple, un métal infiniment plus précieux que l'or et l'argent, plus dur, plus incorruptible et plus seyant aux usages de la monnaie et de la bijouterie. De là à fonder immédiatement une société de crétins ayant des capitaux à perdre pour exploiter cette merveille, il n'y avait qu'un pas franchi bien vite. Malheureusement cette exploitation n'était pas précisément facile, le tant miraculeux métal n'existant pas en quantité appréciable dans la terre, tandis qu'il était répandu à profusion dans d'autres planètes et dans la lune en particulier. De là le nom de « lunium » que le savant docteur Yvan Péterson lui avait immédiatement donné. Preuve incontestable de modestie ; car il l'eût pu appeler « pétérium » pour immortaliser à jamais son nom. Malgré cette apparente difficulté d'extraction, notre homme n'en était pas moins d'avis de prendre immédiatement un brevet et surtout de faire verser, tout de suite, l'argent aux actionnaires. Car rien ne presse davantage que cette essentielle opération. Les plus considérables, parmi les jobards, étaient de la petite fête et c'était pour eux surtout qu'une magnifique projection électrique du globe monstrueux qui fut jadis habité par l'âme de Phébé, devait être faite au moyen des procédés les plus puissants. Aussi connaissaient-ils la topographie de leurs propriétés dans la lune. Il y a des gens, en effet, qui trouvent que l'Espagne n'est pas encore assez loin pour y bâtir leurs châteaux !

Le docteur avait d'ailleurs un appartement on ne peut mieux disposé pour ce genre d'expériences. Occupant tout un étage de la maison, il possédait un immense laboratoire vitré, faisant retour et s'étalant, après un double coude, de façon à faire face à ses salons. C'est là qu'il avait installé un foyer électrique d'une intensité effroyable et qui n'attendait, pour s'allumer, que le rapprochement des deux charbons entre lesquels devait jaillir la lumière. Une carte de la lune, des réflecteurs et un large écran blanc étendu en hauteur sur un des panneaux de la principale pièce complétaient un apprêt, actuellement dissimulé dans l'ombre, de cette scientifique solennité que devait commencer un bout de conférence sur les richesses animales des mondes inexplorés et sur les mirifiques propriétés du lunium. Provisoirement le laboratoire était enveloppé d'une parfaite obscurité.

III

Quelle idée vint à Jacques d'y poursuivre la belle Eva qui n'était pas dans la confidence de son mari?

— Voulez-vous être plus convenable que ça, polisson !

Pour se défendre, à moins que ce ne fût pour céder plus vite, la belle madame Péterson fit un faux pas, et ses jupes pesamment tuyautées se relevèrent enfermant, comme dans une collerette à la Médicis, ou encore dans un éventail la somptuosité de ses reins mis à nu, sans préjudice de ses cuisses et du beau trait-d'union charnu reliant ceux-ci à celles-là. Au même instant, en voulant la retenir, à moins que ce fût pour profiter de sa chute, Jacques mit maladroitement le doigt sur le bouton qui rapprochait les deux charbons du foyer électrique. Une immense clarté, blanche, argentée, impitoyable en jaillit faisant jaunir piteusement les bougies et les lampes dans les salons, et projetant, sur l'écran disposé par le docteur, le spectacle inattendu du sublime postérieur d'Eva dans un rayonnement de dentelles. Un immense éclat de rire détendit toutes les mâchoires.

— La lune! la lune! criait-on de tous les côtés.

Le docteur Yvan Péterson voulut payer d'aplomb et s'écria :

— Oui, messieurs, la lune, mais venue plus tôt que je ne l'attendais.

Un actionnaire consciencieux écrivit sur son calepin :

— D'un côté, la lune se présente sous l'aspect de deux montagnes pareilles et d'un aspect tout à fait charmant. Mais sont-elles fertiles? Tout me porte à croire que le fameux « lunium » que nous cherchons et qui est ce qu'il y a de plus précieux au monde est de l'autre côté.

LE SOUPÇON

LE SOUPÇON

I

Blonde, d'un blond de blé mûr aux chauds reflets d'or sombre; des yeux bleus d'un bleu veiné et transparent comme l'intérieur d'une agate; grande, avec une taille élancée, mais s'élargissant harmonieusement aux épaules et voluptueusement aux hanches; une certaine distinction native de traits et un beau teint mat constellé çà et là, mais très légèrement de paillettes de lumière, comme l'eau-de-vie de Dantzig;

une démarche ferme et modeste en même temps ne découvrant que la cambrure aristocratique du pied; costume d'été très simple, mais de goût suffisant, sans rien qui attire l'œil; un nuage de tulle sur un chapeau de paille. Il pouvait être huit heures du matin, et elle suivait le boulevard Montmartre. Les femmes de Paris ne savent vraiment pas ce qu'elles perdent à se lever si tard, en été surtout. Rien ne sied mieux à leur beauté que les caresses du jour encore tout baigné d'aurore. Les curieux qui, comme moi, ont arpenté à toutes les heures tous les quartiers de la grande cité, vous diront les belles fouettées de roses claires que le souffle du matin met aux joues des belles filles qui vont à leur travail dans les faubourgs, et la clarté rayonnante de leurs yeux sous les premiers baisers du soleil. Leurs chevelures aussi ont un frisson particulier et des poussières d'argent y courent comme sur les ruisseaux entre les joncs qui se réveillent... Donc, elle allait droit devant elle, son ombrelle à la main, quand Jacques, qui rôdait, l'aperçut et machinalement la suivit, admirant par derrière la fierté de son allure et le joli balancement de ses jupes. Elle tourna au coin d'une rue et entra brusquement dans une maison faisant l'angle. Rien n'est rapide et décevant comme cette disparition des femmes dans le gouffre toujours béant des portes cochères.

Jacques demeura un moment pensif et ne s'éloigna pas.

II

Que faisait-il lui-même à cette heure au boulevard? Je vous l'ai dit : il rôdait. Un chagrin d'amour lui avait donné la douloureuse habitude des insomnies et il fuyait son lit le plus tôt qu'il le pouvait, comme un consolateur qui vous trahit. Il y avait près de trois mois déjà qu'il avait rompu avec celle qu'il avait follement aimée, et c'est déjà un temps de veuvage et de retraite respectable. Il ne se sentait pas encore guéri cependant, mais les premières aspirations lui venaient vers un inconnu dont il se sentait appelé de loin. C'est une période charmante que celle de cette convalescence du cœur encore endolori, mais cependant renaissant à l'espérance. Tel Lazare quand la fraîcheur de l'air vivant et plein de fleurs le vint effleurer dans son tombeau. Ce Lazare qu'un Dieu ressuscite n'est-il pas notre éternel symbole, à nous qui passons sans relâche, des délices d'une tendresse aux abîmes d'un oubli? Certes Jacques demeurait ardemment fidèle à son souvenir; mais il en était déjà arrivé au point où la vie paraît possible encore même loin de celle qui semblait toute la vie. Je l'ai dit, c'est un état de l'âme qui ne manque pas de charme, une impression printanière, comme une bouffée de lilas et de violettes après les affres de l'hiver. La grande indifférence où se perdaient toutes les passantes se fond, comme un paysage de neige sous les tiédeurs de mars; on recommence à regarder les femmes et à les trouver jolies.

C'est certainement à cette disposition d'esprit que Jacques dut de rester immobile un instant, après la disparition de l'inconnue. Allait-elle sortir bientôt ? Il attendit dans cet espoir vague ; il attendit en caressant des chimères. Mais le temps passa. Il eut alors l'idée de traverser la rue et de regarder aux fenêtres de la maison où elle était entrée. Bien lui en prit. Il la vit passer derrière les vitrages d'un magasin situé au premier, d'un magasin de deuil. Elle n'avait plus son chapeau et était en taille. Il ne fallait pas beaucoup de génie, après ces remarques, pour en induire qu'elle était employée dans ce magasin. Jacques connaissait à merveille les habitudes des demoiselles dans cette condition. Il fit un tour dans les environs et revint exactement à midi pour voir si elle irait déjeuner dehors. Il en fut cette fois-ci pour ses frais. Il était certain qu'elle prenait ses repas à l'intérieur et ne sortirait plus que dans la soirée.

III

Cette journée lui parut atrocement longue. Les précédentes avaient passé assez bien à maudire l'infidèle et à se figurer qu'elle le regrettait, ce qui est la consolation de tous les amants trahis. Le temps s'écoule assez rapide à ces anathèmes posthumes et à ces hypothèses flatteuses. Mais Jacques se sentit plus inoccupé que jamais et partant plus malheureux. Ferait-il la folie de venir attendre cette jeune femme qu'il ne connaissait pas et qui pouvait, d'un seul mot, rendre toute sa peine inutile ? Certainement il le ferait! Dans le grand désarroi de ses pensées, elle était apparue la première y ramenant comme une clarté vivante. Et puis, il se rappelait les grâces contemplées un instant de sa personne, ce magnifique ton de cheveux, ce teint où l'or dispersé des étamines saupoudrait la pâleur du lis, cette bouche dont un profil perdu lui avait révélé le fin sourire, par-dessus tout ce je ne sais quoi de dédaigneux et de triomphant qu'elle portait en elle. Chose essentielle pour ces revirements de l'esprit, jamais type n'avait été plus lointain que celui-là du type auquel s'était attachée sa dernière tendresse. Ceux qui cherchent dans les traits d'une nouvelle maîtresse un souvenir des traits de la maîtresse abandonnée sont des fous. Jamais ils ne connaîtront les délices revivifiantes de l'oubli. Il semble que la femme, par une pitié du destin, ne se présente à nous avec des caractères si différents de beauté que pour nous permettre cette consolation et ce rajeunissement de renaître pour aimer autrement que nous n'avions encore aimé. Jacques, assurément, n'analysait pas cette impression en lui, mais il y sentait cet appel vers une nature nouvelle, vers une nouvelle forme du plaisir et de la douleur. Voilà pourquoi il revint exactement à l'heure où il supposait que l'inconnue allait quitter sa tâche et comment il se trouva bien vite auprès d'elle quand elle eut pris le chemin du retour.

IV

Rien ne m'a jamais semblé si difficile que d'entamer la conversation avec une femme dans la rue. Ne me dites pas que cela est toujours absurde et le fait d'un homme mal élevé. J'ai connu des liaisons très sérieuses entre gens de bonne éducation et qui n'ont pas commencé autrement. Que diable ! vous rencontrez une femme qui fait une grande impression sur vous et que vraisemblablement vous ne reverrez jamais ! Il n'y a pas un moment à perdre pour obtenir l'assurance qu'elle n'est pas à jamais perdue pour vous. Jacques s'y prit d'ailleurs si respectueusement, avec un tel tremblement d'émotion dans la voix, que la belle fille le regarda sans colère. Mais elle ne lui répondit pas et continua sa route. Sans se rebuter, il poursuivit son discours. Il faisait une admirable soirée toute ensoleillée encore des derniers feux du couchant, et Paris était encore imprégné du souffle mourant des fleurs brûlées qu'emportaient les charrettes des petits marchands. C'était à l'heure où la circulation se ralentit sensiblement et où un silence relatif descend dans les rues, en attendant que le gaz allume ses constellations sous la lumière lointaine des étoiles. La jeune femme, obéissant à un alanguissement involontaire, avait ralenti le pas.

— Que me voulez-vous, enfin, monsieur, demanda-t-elle à Jacques d'une voix très douce.

Il lui répondit des choses très folles, mais qui ne la fâchèrent pas. Avec un naturel parfait et une grande honnêteté de langage, elle en vint rapidement aux premières confidences. Elle avait aimé ; elle avait été trompée et était bien décidée à ne plus aimer jamais. Elle disait cela sans amertume et sur un ton parfaitement décidé. L'ombre descendait plus longue et plus monstrueusement déformée du toit des maisons, coupant la chaussée de grandes bandes, sombres et obliques. L'atmosphère s'attiédissait encore avant de se rafraîchir au premier frisson de la nuit. Quel chemin on fait en marchant ainsi côte à côte avec des mots sur les lèvres et une sympathie muette au cœur ! Ils se trouvèrent, en montant toujours et sans qu'il lui eût demandé où elle allait, tout prêt du parc Monceau et y entrèrent. Le tremblotement des feuillages était à peine sensible et le petit lac qui serpente aux pieds des ruines d'un temple ridicule était comme traversé de lames d'argent clair par la lune qui se levait entre les branches. Il montait des gazons fraîchement arrosés une senteur pénétrante et très pernicieuse à la vertu. L'inconnue parlait maintenant librement, comme on parle à un ami, et Jacques trouvait sa voix la plus harmonieuse des musiques. Il savait maintenant toute son histoire et nulle femme ne lui paraissait plus intéressante au monde. Leurs mains s'étaient déjà mêlées avec un vague frémissement : leurs têtes s'étaient si bien rapprochées qu'ils avaient bu l'haleine l'un de l'autre. Peut-être le pacte profond, immortel du baiser allait-il sceller des promesses sur leurs lèvres... — On ferme ! il fallut quitter les jardins un instant plus féeriques et mieux enchantés que ceux d'Armide.

Jacques voulut reconduire en voiture la belle fille blonde. Mais celle-ci refusa obstinément, comme une chose qui compromet irrémédiablement. Le dernier tramway allait partir. Elle le prendrait tout simplement. Jacques jura qu'il y monterait avec elle.

V

Un de ces petits tramways qui coupent la grande ligne des boulevards extérieurs et que traînent deux petits chevaux à peine plus hauts que des poneys. C'était la dernière course. Personne absolument dans la voiture qui stationnait au point de départ. Rien de plus mélancolique d'aspect que ce véhicule vide. Mais Jacques était enchanté de cette quasi-solitude inattendue. L'inconnue avait gagné le fond de la voiture et s'était assise, sans remettre en place le coussin un peu élevé et dressé contre un des angles. Jacques s'était mis auprès d'elle et on attendait délicieusement ainsi le signal du départ. Certes, ils n'étaient pressés ni l'un ni l'autre. Le conducteur non plus qui rôdait autour de sa voiture avec un air de mauvaise humeur, ni les petits chevaux qui soufflaient des buées dans l'air subitement rafraîchi. Enhardi par l'ombre que perçait, seule, la clarté jumelle et verte des lanternes pareilles à deux gros yeux de chat. Jacques passa son bras derrière la nouvelle adorée et tenta une étreinte timide. O surprise ! un bruit étrange sortit des jupes de la demoiselle qui se sentit monter une fusée de sang au visage. Après un moment d'étonnement, Jacques voulut reprendre sa pressée : plus intense, tout à fait audacieux et tonitruant, le même bruit sortit du même endroit... Ils s'éloignèrent l'un de l'autre. Mais Jacques n'était pas découragé. Nouveau corps à corps. Cette fois-ci c'est un feu lointain de peloton qui retentit partant de la même direction. Cette fois, Jacques bondit en arrière pendant que la malheureuse cachait sa figure sous ses mains. O écroulement de son rêve ! Cet ange entrevu était une harpe éolienne ! Il était devenu amoureux d'un accordéon vivant ! Une mélancolie atroce le prit et un désespoir réel de vivre ! Jamais désillusion pareille n'avait empli son cerveau de ruines et de fumée.

Tout à coup le conducteur entra, alla droit au coussin sur lequel était assise l'inconnue et plongeant la main dessous, au mépris des pudeurs les plus vulgaires :

— Ah ! farceurs d'amoureux, fit-il, moitié riant, moitié fâché, c'est vous qui aviez caché ma trompette.

Et il tenait à la main la corne qu'emplit de son le jeu d'une boule de caoutchouc.

Jacques, éperdu et fou de remords, tomba aux pieds de la belle inconnue, et ils partirent ainsi. Jusqu'où ils allèrent, je ne vous le dirai pas.

NUIT D'ESPAGNE

NUIT D'ESPAGNE

I

Bien peu de gens se sont demandé — que l'indifférence publique est une lamentable chose ! — ce qu'était devenu cet excellent M. Purgon, après que les railleries inconvenantes de Molière l'eurent forcé à s'expatrier. Car ce Poquelin dont M. Monval veut faire absolument un brave homme fit le malheur de tous les gentilshommes de l'arrière-bouche du Roi. Quelques érudits, dont j'étais, bien entendu, savaient seulement que M. Purgon, las des facéties du poète tapissier, s'était retiré en Espagne, qu'il y avai[t] épousé, en seconde noce, la fille du célèbre apothi[-] caire andalou Don Gaspardo Canulero, et qu'il avait été un des plus remarquables cocus de pa[r] delà des Pyrénées. Et c'était tout.

En piochant récemment un grimoire, œuvre d[u] célèbre Père Sanlevan de Meffès, — car je n'ai pa[s] mon pareil pour fouiller les grimoires tout e[n] ayant l'air de fumer ma pipe — j'ai découvert un[e] aventure tout à fait intéressante, dont ce nobl[e] proscrit de l'hydraulique royale est le héros et qu[i] nous donne sur sa fin des détails à la fois dramati[-] ques et touchants. Mais le Père Sanlevan de Meffès écrivait en latin, comme tous les gens savants d[e] son époque, et j'ai dû le traduire en français pour vous faire jouir de ma découverte. Vous me par[-] donnerez donc si mon récit n'a pas, dans la forme, toute la grâce de style de l'original et vous verrez que la chose était difficile à mettre dans notre pu[-] dique langage, à qui le plus grand des romanciers contemporains est cependant en train de rendre sa virile et gauloise honnêteté. Mais que voulez-vous ? Moi, je suis encore de l'école des périphrases et des sous-entendus. Je suis un timoré qui n'ose nommer un chat un chat, parce qu'il sait trop ce que le mot chat veut dire. Mais que n'ai-je fait un fils qui eût été certainement beau comme le jour, parce que j'aurais bien choisi sa mère ! En voilà un qui aurait parlé crûment à ses contemporains de l'avenir ! Ç'eût été la fin de l'hôtel de Rambouillet et des bon[-] nes traditions de madame de Genlis. En attendant, a vais, comme je le pourrai, vous donner le sens exact du grimoire, en y ajoutant quelques beautés littéraires de mon crû, pour remplacer celles dont je suis obligé de vous priver.

II

Donc M. Purgon vivait à Calatrava, si vous le voulez bien, et y cultivait les petits pois avec un succès remarquable. Il en obtenait de gros comme des petits potirons et durs comme des cailloux, ce qui est, *tra los montes*, le dernier mot du genre. Pendant ce temps, je vous ai dit ce que faisait sa femme, la belle Mercédès, aux cheveux noirs comme une nuit de décembre. Mais M. Purgon était tout à sa gloire de maraîcher et son plus grand souci était de détruire les mulots qui ne manquaient pas de ravager ses comestibles plantations. Non pas qu'il fût indifférent tout à fait aux coupables hommages et aux dangereuses cours dont sa femme était l'objet. Mais il avait coutume de dire qu'on arrive encore plutôt à protéger les légumes des rongeurs que les dames des galants, ce qui est une réflexion absolument philosophique et juste.

La nuit tombait, à l'heure où commence mon récit, une nuit d'été très douce, très bleue, avec un beau scintillement d'étoiles semblant des déchirures du ciel. M. Purgon, après le dîner, était remonté dans son laboratoire pour mettre la dernière main à une solution phosphorée dont il espérait d'excellents résultats, pour la destruction des ennemis de ses petits pois. Il soupesait la dose avec une conscience méticuleuse de droguiste et agitait doucement le liquide avec une baguette de verre pour lui donner l'homogénéité voulue. Et il riait dans sa barbe, à la seule pensée des mulots se tordant dans la colique et recroquevillant, sous leur ventre ravagé, leurs petites pattes aux ongles roses. Comme il méditait joyeusement cette torture, un cavalier se vint installer sous les fenêtres de la maison et commença d'y gratter l'accompagnement d'une sérénade en l'honneur de madame Purgon. C'était un jeune homme nommé Alvar, d'excellente famille et qui possédait un joli talent sur la mandoline. Il excellait également à composer des couplets très mélancoliques et tout à fait touchants en l'honneur de celle qu'il aimait. Farceur d'Alvar ! C'était, au fond de cette poésie douloureuse, le meilleur vivant du monde et un gas d'attaque, comme on dit dans les campagnes, un luron qui, son petit morceau fini, courait au déduit comme un lion échappé. En attendant, il chantait :

> Tout seul, dans l'ombre, ma charmante,
> Dans l'ombre où nous avons passé,
> Je vous appelle et me lamente,
> Epris d'un amour insensé.
> — La Nuit qui porte dans ses voiles
> Tant de feux aux mille couleurs,
> La Nuit n'a plus besoin d'étoiles,
> Tant mes yeux ont versé des pleurs !

— En voilà un qui commence à me donner sur les nerfs ! pensa M. Purgon, en tournant sa sauce muloticide avec une nouvelle fureur. En voilà de jolis contes à ma femme !

III

Et Alvar, qui n'avait pas entendu un traître mot de ce monologue, continua :

> Autour de moi tout aime et chante,
> Au bois l'oiseau, la fleur au pré ;
> Et, si vous me restez méchante,
> Seul je serai désespéré.
> — La Nuit qui porte dans ses voiles
> Tant de feux aux mille couleurs,
> La Nuit n'a plus besoin d'étoiles,
> Tant mes yeux ont versé de pleurs !

— Je ne sais pas ce qui me retient, poursuivit M. Purgon, de massacrer cet animal.

Et, toujours ignorant de la fâcheuse impression qu'il produisait sur le mari, le guitariste poursuivit, en jetant du bout des doigts de petits pizzicati sur son instrument ;

> L'Aube sur la colline pleure,
> O Mercédès, mon seul amour !
> Si tu ne veux pas que je meure,
> Viens me sourire avant le jour.
> — La Nuit...

— Je veux t'en flanquer un sourire, moi !

Et saisissant la terrine où la solution phosphorée était à point, il la vida violemment par la fenêtre dans le sens d'où montait la voix du chanteur.

Un cri terrible répondit à cet acte de violence. M. Purgon eut un frisson. Il avait peut-être défiguré, aveuglé sa victime ! Et si la justice informait!

Et le malheureux homme se sentit étreint par le double étau de la terreur et du remords. Il prit dans ses mains sa tête, et, n'osant regarder par la fenêtre les suites de son forfait, il tomba dans une méditation douloureuse, regrettant vivement ce mouvement de colère inconsidérée.

Mais je veux vous rassurer bien vite.

Ce n'était pas le jeune et souriant visage d'Alvar qu'avait atteint le liquide projeté par le vindicatif époux. Celui-ci avait été s'appliquer sur une toute autre face, et qui n'appartenait pas au galant, mais bien à M. l'alcade lui-même qui, amoureux aussi de la belle Mercédès, était venu rôder silencieusement par là et y avait été pris d'une soudaine envie de s'asseoir sans chaise. Vous avez deviné maintenant la face que je veux dire ; c'est celle qu'on a coutume de coiffer plutôt d'une calotte que d'un béret. M. l'alcade qui avait mangé démesurément, à son dîner, d'une façon de pois chiches qu'on appelle *garbeuzos* là-bas, avait dû dépouiller, pour ne point le salir, son joli pantalon de velours noir et l'accrocher à un arbuste derrière lequel il avait découvert le sien (pas son arbuste, mais...). Voilà, me direz-vous, un singulier accompagnement pour la sérénade du pauvre Alvar. Mais celui-ci, tout à son amour, ne l'avait même pas entendu et n'en continuait pas moins à vanter l'arome des fleurs à sa bien-aimée.

Donc, M. l'alcade, de son nom Gil Calabasas, avait reçu en plein et là où vous savez, la corrosive ambassade que M. Purgon avait dépêchée au petit hasard de sa vengeance. Le magistrat éprouva d'abord une cuisson très vive et qui se calma bientôt, la solution, destinée à l'usage interne, étant, au demeurant, assez faiblement dosée en phosphore. Mais il avait sauté vivement en arrière, pris la fuite d'abord, et jamais il ne put retrouver sa culotte, le ciel s'étant soudain obscurci dans de petites nuées, comme il ne manque jamais de le faire quand il se passe sur terre quelque tragique événement. C'est au moins ce qu'ont remarqué les romanciers les plus autorisés.

IV

Resté là, toujours à la recherche de son indispensable, Gil Calabasas vit tout à coup s'entrouvrir la porte de la maison de M. Purgon et celui-ci sortir de chez lui à petits pas, une lanterne sourde à la main. Le malheureux homme — c'est M. Purgon que je veux dire, — n'y avait plus tenu. Il avait voulu connaître l'étendue de son crime. Il s'était enhardi à venir se mettre lui-même face à face avec son forfait. Il marchait doucement, à l'aventure, son falot projetant çà et là des flambées de lumière pâle. L'alcade Gil Calabasas était un homme entreprenant. Voyant que M. Purgon n'avait pas refermé l'huis derrière lui, il se dit que l'occasion était excellente de pénétrer sournoisement dans la place et de dire à la belle Mercédès un mot de son amour. Vous voyez que ses douleurs étaient bien amorties et ses brûlures en pleine voie de guérison. Car on eût dit que ces dernières avaient changé de place. Gil Calabasas mit aussitôt son dessein à exécution et se glissa dans la demeure de la belle durant que le mari continuait, en tremblant, ses recherches. Quand Mercédès qui travaillait à la clarté d'une lampe, brodant je ne sais plus quel petit objet pour la fête d'un de ses galants, aperçut un homme sans culotte qui lui venait dire un madrigal, elle ne put retenir un cri de surprise et d'effroi. Mais M. l'alcade lui expliqua qu'un pantalon n'était pas du tout nécessaire pour ce qu'il venait faire. Au contraire, plutôt! Et, enhardi par un sourire de madame Purgon, il allait accompagner sa mimique déjà passionnée, quand on entendit rentrer le mari.

— Cachez-moi! madame! Cachez-moi! s'écria Gil Calabasas, dont le sang n'avait jamais roulé les belliqueuses fièvres du Cid Campeador.

Mercédès était très troublée. Elle le fit entrer sous une draperie qui couvrait une porte condamnée.

Et, en même temps, M. Purgon entrait.

— Ma femme, dit-il avec résolution, je viens de commettre un crime abominable. J'ai très probablement tué un godelureau qui vous chantait une sérénade. Que sa mort retombe sur vous! Mais, moi, je vais être poursuivi, sans doute, et la maréchaussée est déjà peut-être lâchée contre moi. Me sauver, impossible! On trouverait facilement ma trace et mon maudit accent parisien me trahirait. Cachez-moi, madame Purgon, je vous en prie, cachez-moi, dans votre chambre avant que la justice arrive pour m'appréhender au corps. La décence et le respect dus à une femme les empêcheront de tout bouleverser dans le sanctuaire de la pudeur et de la beauté... Vite ! vite ! cachez-moi, madame... Tenez, cette draperie...

— Malheureux ! N'allez pas par là, fit Mercédès en l'arrêtant avec terreur. C'est plein de robes.

— Mais où, alors ?

— Tenez, sous cette table dont je ferai retomber le tapis jusqu'aux pieds.

Et M. Purgon, se mit, en effet, à quatre pattes sous la table. Il était temps. Des gens passèrent dans la rue dont les pas firent croire à M. Purgon que la garde était déjà sur ses talons.

— Sortez ! maintenant ! Sortez, ma chère ! Et éteignez bien toutes les lumières ici. Allez au-devant d'eux et faites-leur les honneurs de la maison avec tant de grâce qu'ils n'aient aucun soupçon !

Madame Purgon obéit et sortit, en emportant la lumière, très inquiète au fond de laisser les deux hommes en présence.

— Dieu merci ! ils ne pourront se voir, pensa-t-elle pour se rassurer un peu.

C'est ici que se place une scène vraiment fantastique et que le célèbre Père Sanlevan de Meffès a décrite avec autant d'énergie que de mesure dans son bel idiome latin. Au bout d'un quart d'heure, M. Purgon se trouva courbaturé et meurtri jusqu'à l'ankylose par la posture forcée où il se tenait sous la table. N'entendant plus aucun bruit dehors, il s'enhardit et se dit qu'il pouvait bien se reposer un instant de cette fatigante attitude. Il sortit donc la tête, comme font les tortues de leur écaille, puis le corps aussi et s'étendit les membres voluptueusement en les faisant craquer.

A ce moment, l'alcade Gil Calabasas, entendant ce bruit de noisettes qu'on écrase, fut pris de peur, et, soulevant la portière, se présenta le derrière en avant, puisqu'il s'était caché en faisant face à la porte. Vous vous rappelez qu'il était demeuré sans pantalon. Or, jugez de l'effet! Son postérieur rendu lumineux dans l'obscurité par le phosphore dont il avait été noyé, apparaissait comme une lune toute enveloppée de vapeur bleuâtre, une lune énorme et menaçante avec un méchant petit œil qui riait au milieu.

— Un spectre!... Le commandeur!... O Molière!

Ces mots s'étouffèrent dans la bouche de M. Purgon qui sentit tout son sang lui monter à la gorge si violemment qu'il tomba à la renverse. Je le crois bien. Il était mort! Une congestion causée par la peur l'avait emporté.

L'alcade Gil Calabasas, qui avait un briquet dans sa veste brodée d'or, fit du feu et alluma un candélabre, pour examiner un peu ce qui se passait. A la vue du cadavre de M. Purgon, il sauta en arrière.

— Sang du Christ! fit-il, on va m'accuser de l'avoir assassiné! Décampons vite! Je serais forcé de m'arrêter moi-même.

Puis une réflexion lui vint, car il était toujours sur son appétit amoureux:

— Fuyons avec sa femme! pensa-t-il.

Mais Mercédès était déjà loin. Elle était allée rejoindre le bel Alvar qui l'avait prise en croupe de sa mule et l'emmenait à Grenade au grand trot. Ce que c'est que la fragilité des femmes tout de même! Pauvre M. Purgon!

LES CONFIDENCES

LES CONFIDENCES

I

Cette histoire me fut contée dans le beau pays toulousain, par un gentilhomme gascon des plus aimables, j'entends des plus menteurs que j'aie connus. Bien qu'elle soit de rustique façon et n'ait pour héros que de modestes citoyens, je ne l'en ai pas moins trouvée digne de mémoire pour ce qu'elle est une excellente leçon de retenue aux dames qui volontiers ont la langue trop longue, non pas entre elles seulement. Au reste, vous en jugerez.

Mademoiselle Hélène Calestroupat, fille du charpentier Calestroupat, était assurément une demoiselle d'excellente renommée, outre qu'elle était incontestablement jolie avec son beau type méridional égayé par un enjouement exquis. Elle avait bien raison de rire puisqu'elle avait les plus jolies petites dents du monde. Personne ne l'avait surpassée dans le pays en réputation de sagesse, si ce n'était peut-être autrefois sa mère qui passait pour une sainte à canoniser. M. Calestroupat était démesurément fier de cette vertu de sa femme et n'avait pas son pareil pour railler impitoyablement les maris trompés. Ils n'avaient qu'à mieux choisir, morbleu! On ne se marie pas sans se bien renseigner! Et il vous daubait sur les pauvres cornards comme s'il eût espéré abattre des noix en leur secouant les cornes. Je n'approuve jamais cette impertinence des heureux et m'applaudis toujours de les voir châtier. Mais laissons ce rustre à ces vantardises d'époux.

Pierre Robichon, le serrurier, avait demandé la main d'Hélène et celle-ci n'avait fait aucune difficulté de la lui donner. Robichon était un vaillant travailleur, un honnête garçon et de belle mine bien joviale. Le couple était vraiment le mieux assorti du monde pour fendre à deux, sur la nef de l'hyménée, le courant tumultueux de la vie. Vous voyez que je cherche à relever, par la noblesse des images, la médiocrité volontaire de mon sujet plébéien. Il faut bien cependant quelquefois sortir du grand monde.

II

Le mariage avait eu lieu le matin et un magnifique repas l'avait suivi. On y avait mangé un cassoulet... — Bon ! bon ! je vous entends ; c'est encore quelque aventure venteuse que vous nous allez conter et je me bouche le nez par avance. Car le cassoulet est fait de haricots détonants en diable. Ah ! mon Dieu, quand en aurez-vous fini, Silvestre, avec ces constantes vilenies ? — Pas de jugement téméraire, compagnons. Je vous jure qu'il n'y aura aucun vent dans mon histoire. Il s'est trouvé, dans les lignes même d'un roman justement célèbre, un tel maître en cette matière que je renonce à en parler jamais. Je ne jouerai pas un air de flûte là où Emile Zola a fait entendre le canon. Je me replie en bon ordre devant son artillerie. Il a parlé comme Homère. Adieu ma musette ! Adieu, zéphyrs badins dont s'amusait mon ingénuité. Le poète a tonné du haut du Sinaï et je n'ai que faire de souffler dans des pipeaux au bord des fontaines. Ferme-toi, pauvre petite source de rires innocents. L'océan gronde et la mer mugit... J'ai simplement dit qu'on avait mangé un cassoulet parce que le mets est tout à fait national dans ce coin de France où avait eu lieu l'union solennelle de Pierre Robichon avec Hélène Calestroupat. On avait également bu du bon vin de Villaudric, un des meilleurs que je sache dans notre beau pays de France, violemment pourpré et puissamment savoureux, sang de vignes encore vigoureuses et immaculées qui semble passer tout droit dans les veines après avoir mis dans la poitrine de bonnes chaleurs. Et on avait chanté ensuite, en patois bien entendu, et des choses croustilleuses, s'il vous plaît, trop croustilleuses pour que je me hasarde à vous les traduire dans l'idiome pudique que j'ai accoutumé de parler.

III

Nous voici maintenant dans la chambre nuptiale. Bon ! voilà que vous avez peur ! Moi déflorer les secrets d'une première nuit de noces ! D'ailleurs, les jeunes époux ne sont pas encore au lit qui leur tend cependant sa double caresse de toile blanche où la lessive a laissé de rustiques parfums. Hélène est encore enjuponnée et Pierre n'a pas retiré son haut-de-chausse. Mais tous deux sont assis l'un près de l'autre et causent tendrement la main dans la main :

— Pourquoi ce gros soupir, Pierre ?

— Hélas ! ma chère Hélène, c'est que j'ai un aveu sur les lèvres qui a bien grand'peine à en sortir et qui cependant m'étouffe le cœur.

Hélène le contempla avec inquiétude.

— J'ai fait une faute autrefois, continua l'excellent garçon, et il m'en est resté un enfant dont je ne vous ai jamais parlé et qui a deux ans à peine. Ne vous plairait-il pas que nous le prenions avec nous, innocent qu'il est de sa coupable naissance, et en considérant que je ne vous offensai pas en le mettant au monde puisque je ne vous connaissais pas encore ?

— Certainement, fit Hélène, et je le veux bien accepter dans notre maison, d'autant que moi aussi j'ai à vous confier quelque chose.

Pierre attendit à son tour avec anxiété.

— Un jeune homme m'a beaucoup fait la cour avant que vous me demandiez en mariage et vous ne saurez m'en vouloir, Pierre, de l'avoir écouté avec trop de bienveillance, puisque, moi non plus, je ne vous connaissais pas. Il était loin, d'ailleurs, de vous valoir.

— Ah! tant mieux!

— Car il me planta là après m'avoir fait une petite fille...

Robichon n'en voulut pas entendre davantage.

— Misérable! hurla-t-il, en sortant comme un furieux.

Et, dans la cour où il se précipita, il se mit à gesticuler comme un fou, en se frappant la tête de ses deux poings et en criant de toutes ses forces d'une voix pleine de sanglots et de colère :

— Cape de diou! Cape de diou! Cape de diou! Cape de diou!

IV

— Quel est l'imbécile qui fait un tel vacarme à une pareille heure et sous les fenêtres de nouveaux mariés? demanda, en se réveillant, M. Calestroupat.

— Je n'en sais rien vraiment, mon amour, mais il faudrait à tout prix faire taire ce butor! répondit madame Calestroupat, toute emmitouflée et langoureuse, pour ce que son mari lui avait fait une fête inusitée en l'honneur du mariage de leur fille bien-aimée, à laquelle on pouvait donner maintenant des frères et sœurs sans décourager les prétendus.

M. Calestroupat se leva. Il était fort laid sous son bonnet de coton qui lui engloutissait les oreilles et dont la mèche n'avait plus guère que trois brins courant les uns après les autres très ridiculement. Il regarda par la croisée ; mais la lune s'était voilée et il ne put voir que la silhouette du hurleur sans le reconnaître. Il rentra, fouilla sous le lit, revint à la fenêtre, l'ouvrit, et précipitant une averse dans l'espace :

— Attrape ! animal, fit-il.

Mais le fantôme ne parut pas même prendre garde à ce tiède baptême ! Et toujours se calottant à se défoncer les tempes, il clamait : Cape de diou ! cape de diou ! cape de diou ! M. Calestroupat descendit et ce fut seulement dans la cour qu'il se trouva face à face avec son gendre qui ne cessa pas de gesticuler pour cela, de se battre et d'assourdir le voisinage de ses jurons et de ses gémissements.

— Na ! na ! qu'avez-vous, mon pauvre Pierre ? Serait-ce une rage de dents ?

— Cape de diou ! cape de diou ! continuait le désespéré.

M. Calestroupat n'avait aucun goût pour le monologue. Il n'avait jamais entendu Coquelin cadet. Voyant donc qu'il ne pouvait rien tirer de cette buse sonore, il prit le parti de s'en aller en haussant les épaules et en sifflotant une gavotte.

— Quand il en aura assez, pensa-t-il, il se taira.

Comme il remontait l'escalier, il aperçut, sans que celle-ci le vît, sa femme qui, pieds nus, sans bruit, en tapinois, entrait dans la chambre de sa fille pour l'interroger sans doute sur les causes de l'étrange musique que faisait son mari. M. Calestroupat n'était pas indiscret, mais il était curieux ; la chose l'intéressait également, et, sans bruit, lui aussi, après avoir laissé aux deux femmes le temps d'entrer en conversation, il se glissa tout contre la porte et écouta ce qu'elles disaient entre elles, durant que le vent frais de la nuit mettait des frissons de voile dans sa chemise et tortillait les trois brins du panache de son casque de nuit.

V

— Mais en quoi, ma fille, avez-vous pu fâcher à ce point votre mari ?

— Hélas ! ma mère, j'ai été trop franche et trop confiante. Je lui ai tout avoué.

— L'enfant !

— Oui, l'enfant !

— Malheureuse ! Etait-ce donc bien la peine que j'aie pris tant de soin à cacher votre faute, même à votre père ! Ne m'avez-vous pas vue employer toutes les ruses pour cacher votre grossesse et dissimuler votre délivrance ! Comment, au moins, n'avez-vous pas eu pitié de votre mère ?

— Mais j'aurais donc dû...

— Oui, ma fille, vous auriez dû cacher cela à votre mari, si longtemps qu'ait duré la vie commune pour vous. Ce sont des choses qu'une honnête femme n'avoue jamais! Ainsi, moi, ce n'est pas un mais quatre marmots que j'avais eus avant que votre estimable père demandât ma main et jamais...

Un bruit sourd retentit derrière les portes. C'était M. Calestroupat qui se trouvait mal et s'adossait où il le pouvait pour se retenir de tomber à terre. Mais il se releva bientôt, et, lui aussi, s'affalant au beau milieu de la cour comme un insensé, il fit chorus à la litanie de Robichon, mugissant à la tierce — car il possédait une voix de basse :

— Cape de diou! Cape de diou! Cape de diou!

Certains moments tragiques mettent dans les âmes une communion de pensées qui ne procède d'aucune parole échangée. Les deux hommes se prirent affectueusement le bras, en se serrant l'un contre l'autre et, sans se taire, d'ailleurs, ils sortirent avec le geste désespéré de gens qui ne reviendront jamais.

. . . .

Ils revinrent le soir même et furent trop heureux de manger en famille les restes réchauffés du cassoulet. Il faut se pardonner en ménage. D'ailleurs, de tous les cocus, ceux qui ne le sont qu'avant la lettre, sont certainement les moins à plaindre.

ARABELLE

ARABELLE

I

— Un potage à la tortue, Jacques ?
— Non, me répondit Jacques mélancoliquement, je n'en mange jamais, hormis dans les restaurants où je suis sûr qu'il est fait avec du veau... comme le thon mariné d'ailleurs.
— Le thon mariné ?
— Comment, tu ne sais pas l'histoire ?

— Non.

— Un pur hors-d'œuvre et un pur chef-d'œuvre, mon ami. Un des restaurateurs les plus célèbres de Paris vit venir, aussitôt après la guerre, un de ses correspondants commerciaux de Marseille qui lui venait prendre des commandes, après dix mois d'interruption dans leurs relations. — Vous enverrai-je des boîtes de thon ? lui demanda celui-ci. — Certes ! répondit avec enthousiasme le restaurateur. Car les vôtres m'ont rendu un fier service pendant le siège et fait gagner beaucoup d'argent. Imaginez-vous qu'en en traitant le contenu de façon à en extraire l'huile, j'en fabriquais d'excellentes escalopes de veau que mes imbéciles de clients payaient au poids de l'or. Hein ! les crétins ! Cela ne vous étonne pas ?

— Cela n'a rien d'étonnant, répliqua très sérieusement le commis voyageur, puisque c'est avec du veau que nous les faisons.

Je remerciai Jacques de son anecdote et je continuai.

— Est-ce à cause que la tortue t'inspire personnellement quelque dégoût ! Ce sont choses dont on n'est pas maître, mais qu'on peut raisonner cependant. Peu d'animaux se nourrissent aussi proprement et se protègent aussi aisément du contact des choses impures. La tortue aime généralement l'eau, et plusieurs espèces sont à fort peu près amphibies. Ce n'est pas, du reste, une bête sans intelligence...

— Assez, me dit Jacques. Tu ne devinerais jamais, et j'aime mieux te conter d'où me vient cette antipathie. L'histoire est un peu grasse ; mais si tu la gardes pour tes lecteurs, tu la sauras bien approprier et parfumer de fleurs de rhétorique. Car elle en a vraiment fort grand besoin...

— J'en ferai un bouquet de roses, lui répondis-je audacieusement.

II

— C'est que j'ai été élevé parmi les tortues, me dit Jacques. Mon vieil oncle Cascamille avait certainement les plus belles de la Haute-Garonne. Car il demeurait proche Toulouse et habitait, non loin de la Garonne, une maison considérable qu'entourait un magnifique jardin dont les treilles ployaient, en automne, sous les grappes lourdes et chargées de guêpes des muscats et des raisins de Jérusalem. Et les pêches qui empourpraient les espaliers donc ! Solides et juteuses, résistantes puis cédantes sous la dent, avec des fraîcheurs sucrées dont la gorge était délicieusement caressée. Je devais hériter de cet admirable verger, de la maison et du reste ! J'aurais été un doux propriétaire au lieu d'un noceur sans biens au soleil. Sacrées tortues ! Car mon pauvre oncle avait la passion de ces bêtes et, après sa bonne Catherine, qui était, en même temps, sa maîtresse, c'était bien ce qu'il aimait le mieux au monde. Il en possédait de toutes les variétés, depuis celles qu'on rencontre dans les salades des petits rentiers jusqu'aux espèces plus rares, celles qui s'emprisonnent elles-mêmes dans une façon de cuirasse impossible à ouvrir et celles qui, pareilles aux salamandres, étendent, en nageant, dans l'eau, des filets de sang tachés de noir. Ce sérail innocent comptait une favorite. Arabelle, — comme l'appelait mon oncle, — était une tortue de grande taille, au dos rugueux et fait d'une écaille épaisse, la tête petite et très mobile, fine et éclairée de petits yeux inquiets. On n'eût pas étonné mon proche en lui annonçant qu'Arabelle avait du génie. Ce qu'il lui prêtait de raisonnements malins et ingénieux! Le fait est qu'Arabelle accourait, du pas que vous savez, quand son maître la sifflait. Le grand plaisir de celui-ci était de la faire marcher de cette façon à la fin du déjeuner. La salle à manger étant de plain-pied avec le jardin, la bête y pénétrait en claudicant, s'approchait de la chaise de mon oncle et recevait en récompense une belle feuille de laitue. C'était la grande joie de M. Cascamille et comme qui dirait l'orgueil de son foyer. Ses neveux et moi, en particulier, nous étions fort loin de tenir la même place dans son cœur.

III

Pourquoi devins-je amoureux de ma cousine Aurore qui, orpheline et prisonnière dans un pensionnat durant dix mois de l'année, venait passer les vacances chez mon oncle Cascamille? Demande-moi plutôt pourquoi Aurore avait de si jolis yeux, transparents et clairs comme des pierreries, des cheveux noirs qui étaient sur sa tête comme un casque de parfums, un teint d'une éclatante blancheur traversé par les roses tendres et les azurs pâles d'un sang jeune et virginal. J'en étais très logiquement épris parce qu'elle était vraiment belle et très bébêtement aussi puisque je ne lui demandais rien que de me regarder et de me sourire quelquefois. Elle avait une flamme si douce dans la prunelle et un charme si profond dans le sourire ! Et puis, je n'avais pas vingt ans et elle n'en avait que seize. Je n'oserais pas lui dire aujourd'hui que je n'ai que quatre ans de plus qu'elle, moi dont le front austère n'est plus guère caressé, comme celui des apôtres au jour saint de la Pentecôte, que par les mèches invisibles de l'inspiration.

Il y avait bien dix ans que je n'étais venu chez l'oncle Cascamille quand je m'y rendis, ma valise à la main, sous prétexte de lui présenter une semaine d'hommages, mais dans le but secret de me retrouver avec Aurore qui était chez lui, en ce temps-là. Il me reçut avec une rondeur d'une indifférence parfaite et des mots affectueux cependant. Sa bonne, Catherine, qui avait ouï dire qu'il ferait peut-être quelque chose pour moi dans son testament, me regarda avec de mauvais petits yeux de vieille avare. Mais je m'en fichais pas mal. Aurore m'avait tendu le double et vivant velours de ses deux joues et j'y avais pris deux baisers qui sentaient la pêche, deux baisers dont ma bouche était encore tremblante et parfumée.

J'arrivai juste pour souper à neuf heures et mon oncle ouvrit, en l'honneur de mon arrivée, son plus magnifique melon, un cantalou de race, un cucurbitacé d'origine, onctueux et frais, une double caresse à l'odorat et au goût.

Ah! ce n'est pas les tortues, c'est le melon que je devrais maudire!

IV

Celui-ci (c'est le melon que j'entends) avait dû avoir un ancêtre ayant mûri sur la tombe d'un Borgia. Par un singulier phénomène d'atavisme, il portait en lui je ne sais quel poison subtil dont les entrailles étaient violemment tortillées. C'est, au moins, l'effet qu'il me produisit. Je dus me lever deux heures au plus après m'être couché pour lutter debout contre cet ennemi intérieur qui me déchaînait dans le ventre une tempête de coliques. Mon pauvre abdomen était comme un champ de bataille que laboure une incessante artillerie. Je dus m'avouer vaincu et chercher un réduit où cacher la honte de la défaite. J'interrogeai ma mémoire. C'était bien, comme le plus souvent dans les campagnes, au fond du jardin, un pavillon modestement couvert de chaume, asile sacré des proscrits de la digestion. Bien que mon oncle Cascamille eût fait quelques changements dans la propriété, ce benoît et hospitalier refuge m'avait bien paru à sa place accoutumée et même extrêmement embelli de quelques beautés architecturales. J'en fis le pèlerinage à tâtons, ayant oublié de prendre des allumettes, et par une nuit sans lune où flottaient à peine de vagues reflets de voie lactée. Je trouvai la porte, je l'ouvris; les ténèbres étaient absolues dans ce réduit. Je ne parvins pas à m'y orienter et, comme un astronome sans lunettes dont le désespoir a lassé les genoux, je pris le parti de m'asseoir dans le vide. Impression étrange! Il me sembla que le pavé s'agitait sous mes pieds et que le sol avait des roulis, ce qui n'est pas ordinairement le propre du plancher de ces terrestres navires.

Je regagnai mon lit, sensiblement soulagé.

V

On achevait le dessert du déjeuner. C'était le lendemain. Aurore portait une robe crème rayée de bleu qui était la plus jolie du monde et la rendait adorable absolument. Jamais elle ne m'avait regardé avec plus de clémence et souri avec autant d'abandon. J'étais au comble du bonheur, je me sentais aimé.

— As-tu vu le petit palais que j'ai fait faire pour mes tortues? me dit l'oncle Cascamille.

Et comme je lui répondais négativement.

— C'est au fond de l'allée de tilleuls, là où était autrefois...

— Ah! mon oncle, taisez-vous! fit Aurore en rougissant. Car elle était un peu bégueule et faisait volontiers sa sucrée.

Une sueur froide me perla sur le front.

— On l'ouvre tous les jours, à cette heure, et tu vas voir arriver Arabelle.

En même temps, mon oncle qui caressait, depuis un instant, du bout des doigts une magnifique feuille de salade, se mit à siffler.

Il y avait beaucoup de monde à déjeuner et comme tout le monde flattait la manie de mon oncl qui était un vieux sans enfants, l'entrée d'Arabell fut saluée par une véritable ovation, à laquelle suc céda immédiatement un cri d'horreur.

— Fi ! Fi ! faisaient les dames en se mettant leur serviettes sur les yeux.

— Pouah ! Pouah ! gémissait Aurore, en faisan mine de se trouver mal.

Quelques malotrus riaient comme des fous.

Mon oncle, debout et blême de fureur, agitait apoplectiquement sa serviette en l'air.

Comme les éléphants employés dans les guerres persiques et dont l'échine était surmontée d'une tour, Arabelle promenait triomphalement sur sa carapace les derniers combattants de la bataille intestinale que le melon m'avait livrée la nuit passée. Catherine m'accusa hautement de sacrilège. Mon oncle me maudit, Aurore ne voulut plus me revoir, et moi-même je ne pus plus voir en face un potage à la tortue.

Ainsi finit le récit de Jacques. Dieu et les lecteurs me pardonnent son incongruité !

FAITES M'EN AUTANT

FAITES M'EN AUTANT

I

Celle-ci me fut contée par le doyen d'Ornolach, un vieux curé des plus aimables que j'aie connus et qui aimait trop les fleurs, en ses jours anciens, pour ne pas pas avoir aimé les femmes en son jeune temps ; physionomie sympathique et douce, homme de paix et de charité, intelligent avec cela et croyant j'imagine, à la façon de Pascal qui pensait que la foi est toujours chose recommandable, puisque à l'accepter on ne risque que quelques joies périssables tandis qu'à la renier on perd peut-être une éternité de bonheur, pensée d'un joueur de génie et d'un calculateur de probabilités. Donc, nous allions beaucoup, ce vieillard disert et moi, par les montagnes où nous nous promenions ensemble dans son magnifique jardin où l'automne ouvrait les blessures multicolores du dalhia, sa fleur de prédilection. Ornolach est un hameau situé à quelques pas des bains d'Ussat où je faisais une saison. Ussat lui-même n'est pas beaucoup plus connu, au moins des amateurs d'eaux ; c'est là cependant que vint mourir madame Lafarge. Un jour, le curé et moi, nous nous mîmes par curiosité à chercher sa tombe dans le modeste cimetière qui en comptait bien une trentaine au plus. Nous la découvrîmes enfin, et elle portait, comme toutes les autres, cette mention : *Bonne épouse*. Décidément la mort n'est pas difficile en matière de vertu. Madame Lafarge avait laissé d'ailleurs, parmi les pauvres diables du pays, un souvenir affectueux et charmant. On l'y considérait, à fort peu près comme une sainte que pourraient invoquer sagement les femmes qui ont des maris ennuyeux. Car c'était assurément un homme bien embêtant que celui qu'elle avait envoyé au noir pays des ombres.

Comme nous passions, un jour, près de la grotte de Sabar, sise entre Ussat et Tarascon, et renommée bien avant celle de Lourdes, pour ses miracles, mon vieil ami me dit :

— Connaissez-vous la légende de l'abbé Rivals, un de mes anciens prédécesseurs à la cure d'Ornolach ?

— Nullement, lui répondis-je !
— Elle est fort curieuse et un peu libre peut-être. Mais elle est de celles que tous les paysans content à leurs enfants pendant les longues veillées d'hiver.

Et j'écoutai.

II

— Cet abbé, continua M. le curé, était, paraît-il, un homme très beau et très doux et d'une chasteté à toute épreuve. C'était, de plus, un homme instruit, connaissant le latin à merveille et ayant encore pour la bonne cuisine un goût particulièrement délicat. Aussi ses visites étaient-elles fort appréciées dans les châteaux voisins, pour ce qu'il ne dédaignait pas d'y mijoter lui-même de délicieux ragouts. On nous reproche quelquefois notre penchant à ces joies culinaires, sans réfléchir qu'elles sont une bien insuffisante compensation à celles que nous renions par nos vœux.

Et le bon prêtre leva les yeux au ciel, en homme qui a mesuré l'étendue des sacrifices.

— Un des triomphes de l'abbé Rivals, poursuivit-il, était l'art de découper les volailles. Nul n'y excellait au même point que lui et c'était plaisir que lui voir disséquer ces comestibles savoureux dont il semblait multiplier les parts sous le vol agile de son couteau. Ce n'est pas un menu talent que celui-là que Paul de Kock voulait réserver uniquement, dans les repas de noces, aux maîtres d'armes.

— Eh ! quoi, vous avez lu Paul de Kock, monsieur le curé ?

— Certainement, et le pape le lisait aussi, et vous avez tort de ne plus le lire. Car s'il n'avait aucun style, au moins avait-il la belle humeur et la verve gauloise qui vous fait, à tous, si fort défaut aujourd'hui. Mais je reviens au héros de mon histoire.

Parmi les seigneurs qui l'invitaient à leur table le plus souvent, il faut citer le sire de Bourdesac dont la fille était assurément la plus belle personne du pays Ariégeois tout entier. Grande, brune, avec une magnifique chevelure et des yeux à la damnation de toutes les âmes, un sourire hautain et charmeur tout à la fois, une merveille selon la chair, mais un monstre selon l'esprit. Car le diable en personne habitait son âme et il n'était pas de luxure qu'elle ne rêvât, vierge encore, dans l'austère maison où rien ne parlait que de l'honneur et de la foi des aïeux. Ainsi Dieu revêt quelquefois d'une forme exquise de véritables démons. L'abbé Rivals fut le premier homme sur qui se rivèrent avec amour les yeux de cette damnée par avance. Elle le lui sut témoigner bien vite, sans lui en dire d'ailleurs un seul mot, mais par les étreintes fiévreuses de sa main et la mélancolie ardente de son regard. Comme je l'ai dit, le pauvre homme n'avait rien de sensuel. Il n'en fut pas moins tout à fait troublé de se trouver l'objet d'une bonne fortune aussi inattendue. Tout à son devoir, il repoussa les avances de la demoiselle avec infiniment de tact, et en lui faisant galamment comprendre que son sacerdoce était le seul obstacle entre eux. Mais Angèle — ainsi s'appelait cette créature étrange — n'en sentit pas moins l'affront et une haine terrible lui vint du malheureux prêtre qui avait dédaigné son premier désir de femme.

En ce temps-là de grands troubles éclatèrent dans le pays.

III

Il s'agissait d'une grande guerre aux hérétiques. Le sire de Bourdesac était parti pour la bonne cause et n'avait pas son pareil pour livrer au fer et au feu tous ceux dont la foi paraissait suspecte. Aussi servait-il, avec un fanatisme trop rare aujourd'hui ses propres croyances et se vengeait-il, en même temps, du rapt de sa fille Angèle. Car celle-ci s'était laissé séduire par un officier d'aventures appartenant au parti des révoltés et avait quitté la demeure paternelle sous le poids des plus effroyables malédictions. Son amant était un simple chef de bande qui l'avait charmée par sa bonne mine et son audace, un vrai chenapan commandant d'autres chenapans comme lui et se ruant au pillage des églises et des châteaux; vrais brigands dont les orgies sanglantes emplissaient le pays de terreur. C'est dans cette grotte de Sabar que vous voyez là et qu'une décision inepte vient de dépouiller de ses somptuosités religieuses en la fermant à la piété des fidèles que ces coquins avaient élu domicile. Ah! ils en faisaient de belles sous ces tranquilles voûtes de pierre d'où les stalactites pendent en grandes larmes argentées, où de petites chouettes au ventre blanc s'effarouchent au moindre bruit et miaulent comme de jeunes chats. C'était fête continuelle dans ce repaire de malfaiteurs qui profitaient de la guerre religieuse pour donner un libre cours à leurs abominables fantaisies. Angèle présidait à ces saturnales avec une dignité tranquille, et jamais son cœur ne s'était ému un seul instant de pitié pour les prisonniers dont l'agonie était un barbare plaisir à ses horribles compagnons. Il paraît que jamais d'ailleurs elle n'avait été plus belle de cette diabolique beauté qui la rendait irrésistible aux cœurs perdus. Dans le gouffre dont nos pas foulent le seuil s'engloutissaient toutes les richesses volées, toutes les choses saintes profanées, les tristes épargnes de la misère laborieuse et le luxe insolent des fortunes abolies. Sous la clarté des torches que des cristaux naturels répercutaient tout le long des parois humides, on buvait les meilleurs vins du Roussillon et on chantait les refrains les plus obscènes. Une vie de gueux, quoi !

Et le bon curé d'Ornelach levait de grands bras au ciel, comme pour reprocher à Dieu d'avoir permis tant d'iniquités ! C'était d'ailleurs un homme qui ne se laissait pas abuser par les bonnes intentions du Très-Haut. On m'a conté qu'une jeune fille d'Ussat lui ayant demandé, en confession, d'aller au bal de mariage d'une de ses amies, il lui en avait refusé impitoyablement la permission ; — et comme celle-ci insistait en lui faisant remarquer que N.-S. Jésus-Christ lui-même était bien allé aux noces de Cana : — C'est possible, avait-il répondu, mais ce n'est certainement pas ce qu'il a fait de mieux.

IV

Le narrateur, après avoir médité un instant, continua ainsi :

— Donc il y avait ce soir-là, — ou mieux, cette nuit-là, — car le ciel était tout plein d'étoiles étincelantes qui semblaient les larmes des saints sur les péchés du monde, pleurs célestes dont Dieu ne laisse pas descendre la rosée jusqu'à nous, — il y avait, dis-je, grande orgie dans la grotte qui tout le jour avait été remplie de butins inespérés. C'était un amoncellement d'étoffes précieuses, un ruissellement de pierreries, l'or des coupes et des vases saints mêlant des reflets de pourpre à des reflets de flamme. Une table immense était servie au milieu de la grotte, couverte des plus savoureux gibiers et des vins les plus exquis. Au centre, sur un large plat d'argent, un magnifique et gigantesque coq de bruyère (c'est excellent, mais la canepetière vaut joliment mieux), étalait ses belles chairs rôties et intérieurement gonflées de plantes aromatiques, de truffes et d'olives. Oui, monsieur, de truffes ! Ces gens-là avaient bien tout ce qu'il faut pour les découvrir même avant les naturalistes. Un fumet délicieux montait de ce superbe oiseau flanqué de perdreaux mélancoliquement bardés de lard frais. Le somptueux plumage de l'animal s'ouvrait en éventail autour de son cadavre tentant. Et quel vacarme autour de cette victuaille solennelle ! Les verres se choquaient avec des tintements aigres. Des voix avinées déjà jetaient aux murailles brillantes des blasphèmes, Angèle, la belle Angèle présidait, comme à l'ordinaire, cette agape monstrueuse, la gorge nue et les cheveux dénoués, pareille à une bacchante, adorable et haïssable à la fois, incarnation du mal dans la séduction vivante de la femme.

— Si l'on tourmentait un peu les prisonniers ? cria-t-elle d'une voix méchante. On commence à s'ennuyer ici.

Les prisonniers furent introduits, troupeau que le fouet châtie et qui baisse les fronts sous la tempête. Un hurrah les accueillit. Mille cruautés les assaillirent. Ce fut un grand rire dominant leurs sanglots et une grande insulte repoussant leurs prières. Tout à coup, les yeux d'Angèle s'allumèrent d'un éclat plus mauvais encore, et ses regards brillèrent comme deux couteaux. N'avait-elle pas reconnu le malheureux abbé Rivals parmi les captifs ?...

— Celui-là, je le connais, fit-elle en riant d'un rire abominable. Et c'est moi qui règlerai son sort.

L'abbé, tout emboudiné dans un dédale de cordes, fut amené devant elle. Elle commanda qu'on lui retirât ses liens, ce qui fut fait aussitôt.

— Mon vénérable père, fit-elle ensuite sur le ton d'une ironie impitoyable, vous découpiez admirablement autrefois. Voulez-vous vous charger, je vous prie, de servir à mes amis et à moi ce coq de bruyère qui méritait assurément une main aussi habile que la vôtre.

— Et après ! fit le pauvre abbé Rivals tout tremblant. Car ce discours doucereux ne le tranquillisait en rien.

— Après ? répondit Angèle, un de ces bons soldats, grand découpeur d'hommes de son métier, vous fera exactement ce que vous aurez fait à cette volaille.

Un accès de gaieté épouvantable salua cette jolie inspiration de mademoiselle de Bourdesac. Des bravos éclatèrent. L'abbé Rivals était pâle comme un mort.

— *Miserere mei, Domine!* murmurait-il, *miserere mihi!*

— Allons, obéis! fit impérieusement dame Angèle.

L'abbé Rivals avait été bon raillard, comme dit Rabelais, dans son temps. Est-ce une folie, folie de la terreur, qui lui passa au cerveau? Mais tout à coup son visage se rasséréna. Repoussant le couteau qu'elle lui tendait, et avançant gracieusement la main vers le coq de bruyère, il plongea le doigt au derrière de l'animal, en retira une truffe, la porta à sa bouche et l'avala joyeusement.

Puis tournant son propre postérieur vers son futur bourreau, et relevant sa soutane de façon à le lui bien montrer à nu.

— Maintenant, s'écria-t-il, faites-m'en autant!

. . . .

— Vous, venez respirer maintenant une rose trémière, me dit comme conclusion le bon curé d'Ornelach. Il n'y a que les imbéciles qui les croient sans parfum.

L'ANTIPOSTÉRITÉ

L'ANTIPOSTÉRITE

I

Il y a quelque quinze ans de cela, si j'ai bonne mémoire, on jouait dans un théâtre nouvellement construit une comédie dont je vis la première représentation et dont l'exposition ressemblait fort, ma foi, à un chef-d'œuvre. Imaginez un décor aussi simple que celui des comédies de Molière : une maison côté cour, un autre côté jardin, et au milieu une de ces façons de places publiques où l'art classique aimait à faire causer les gens. Un homme

sortait de l'une, un homme aussi de l'autre, et les deux voisins se mettaient à converser, comme vous l'allez voir, sur le ton de la plus aimable familiarité.
— Vous semblez triste, mon ami, demandait M. Gabel à M. Milher. — Triste, non, répondait M. Milher, mais préoccupé, et franchement on le serait à moins — Peut-on savoir? — Impossible! Et M. Gabel insistait pour apprendre, au point que M. Milher, prenant l'héroïque résolution de l'instruire, s'écriait :
— Ne vous êtes-vous jamais demandé, mon cher voisin, s'il n'y aurait pas moyen de faire les enfants par d'autres procédés que le moyen ordinaire? — Pas si bête! répondait sagement M. Gabel. Et M. Milher (il faut bien citer les acteurs, puisque je ne me rappelle plus les noms des personnages) parlait avec enthousiasme d'une invention à lui, d'une merveilleuse découverte, d'une liqueur incomparable dont quelques gouttes absorbées par une dame de la plus haute vertu en faisaient au bout de neuf mois une mère. Vous voyez d'ici les belles plaisanteries qui se feraient dans les familles avec cet aimable médicament. Son inventeur l'avait modestement nommée : *la liqueur d'or*, et les auteurs avaient également choisi ce titre pour leur pièce. Très curieux, M. Gabel en demandait la composition à son voisin et M. Milher, sur un ton à la fois mystérieux et indifférent, lui répondait textuellement par cette phrase qui ne saurait choquer aucune pudeur, puisque la censure n'y avait rien trouvé à reprendre : — Mon Dieu! j'y mets tout naturellement les éléments essentiels du corps humain, de l'hydrogène, du carbone, de l'azote, un peu d'oxygène,

et une petite pointe de curaçao pour donner bon goût.

Cette rapide excursion dans mes souvenirs de feuilletonniste dramatique n'est qu'un simple préambule à l'histoire que je vais vous conter, benoîtes gens qui voulez bien vous amuser de mes histoires.

II

Ce n'était pas la *liqueur d'or* qu'avait inventée le chimiste Droguepet avec qui je ne prolongerai pas votre connaissance. Car c'était un homme de médiocre génie et d'idées qui ne sont pour vous plaire non plus qu'à moi. Mari d'une fort jolie femme, ce qui était son plus grand mérite, M. Droguepet était Malthusien. J'entends qu'il ne voulait pas attendre du mariage ses fruits les plus naturels qui sont, ne vous en déplaise, messieurs les cocus, les enfants et non vos cornes. Oui, ce vieux drôle avait horreur de la famille. L'idée de se reproduire lui donnait des nausées. Que ne s'était-il fait moine! me direz-vous. Mon Dieu, le métier de moine est devenu moins bon depuis Rabelais. Et puis, si cet animal n'aimait pas les enfants, il en adorait la façon. Me fais-je bien comprendre? J'en ai connu de ces amateurs de médailles sans revers et ne professe pour eux aucune considération. Car j'estime qu'il est doux, honorable et congru de se survivre sous le nom qu'on lègue à ses descendants et quelquefois sous le nom que leur lèguent les autres. Il n'y faut pas regarder de si près. L'essentiel est de ne pas être une graine parasite dans la grande machine de l'humanité et d'avoir laissé sa goutte de sang dans le grand fleuve dont le cœur de la terre est sans cesse réchauffé. Maintenant que j'ai suffisamment flétri les doctrines de cet abominable Droguepet, vous ne serez pas surpris d'apprendre le sujet ordinaire de ses travaux. Car pour savant, il l'était et fort habile ma foi, au maniement des cornues et menus alambics qui ornent les laboratoires contemporains. Pendant plusieurs années, ce furieux égoïste s'était enfermé pour travailler à un mystérieux breuvage. Mais vous en saurez tout aussi long que moi en l'écoutant causer avec son voisin Rotenfluth, comme dans la comédie que j'ai rappelée. Seulement, si vous le voulez bien, ce ne sera pas sur la place d'un marché régional. Les confidences — et l'entretien de ces deux compères n'est pas fait d'autre chose, — se font plus volontiers dans un décor plus discret. Les voulez-vous tous deux assis sous la tonnelle du jardin de Rotenfluth, laquelle était merveilleusement couverte de vigne vierge parmi laquelle montait la coupe aux bords d'azur ou de rose des volubilis? Oui, vraiment, il fait bon, par ces caniculaires chaleurs — et n'oubliez pas que nous sommes encore à Toulouse — rêver d'une calme retraite toute pleine d'ombre et de souffles embaumés.

III

— Ça, voisin Rotenfluth, vous avez l'air diablement mélancolique.

— On le serait à moins, vois-tu Droguepet, et voici ma femme enceinte pour la onzième fois.

M. Droguepet eut un très mauvais sourire où se lisait bien plus d'ironie que de pitié.

— Vous êtes bien heureux, vous! continua douloureusement Rotenfluth.

— Dites plutôt que je suis sage, camarade.

— Allons donc! avec une aussi jolie femme que madame Droguepet!

Pour le coup, Droguepet faillit écraser son interlocuteur sous le mépris de son regard.

— Alors... tout de même? poursuivit Rotenfluth très gêné.

— Oui, mon gaillard, tout de même et plus souvent qu'à votre tour. Seulement... mais non! je ne puis vous dire...

— Dites, au contraire, je vous en prie, mon excellent voisin.

Il se fit un silence. Droguepet parlerait-il ou se tairait-il? Il était cachotier mais bavard, il parla.

— Ne vous êtes-vous jamais demandé, Rotenfluth, s'il n'existait pas des éléments de stérilité dans le monde où, grâce à la chimie moderne, chaque microbe a maintenant son ennemi?

— Il ne m'aurait servi à rien de me demander cela, Droguepet, puisque la science me manque pour les découvrir.

En étudiant la propriété des plantes dont certaines graines sont infécondes, je suis arrivé à la composition d'un élixir, fort agréable au goût, ma foi! par l'addition d'une pointe d'anisette, et avec lequel ma femme est assurée de demeurer comme

Sarah avant la visite de l'ange. Quelques gouttes avant le... repas seulement, pour m'exprimer comme les apothicaires qui n'ont pas le même langage que les amoureux.

— Avant? quelques gouttes?

M. Droguepet fit un signe d'assentiment protecteur.

— Ah! mon cher voisin, quel service vous pourriez me rendre!

— Je vous vois venir, Rotenfluth, mais c'est une matière coûteuse en diable et je n'en possède qu'un tout petit flacon à peine suffisant pour notre usage, si Dieu nous prête vie, à madame Droguepet et à moi! Je vous réponds qu'il est bien caché comme le plus précieux trésor de notre ménage. Ma femme seule et moi savons où il est enfoui.

— Je voudrais seulement le voir! dit le pauvre Rotenfluth avec un vrai désespoir dans l'accent.

— Qu'à cela ne tienne, mon voisin, fit Droguepet avec une feinte rondeur laquelle n'était, au fond, qu'un triomphe de sa vanité d'inventeur. Mais vous n'en direz jamais rien à personne. Vous tombez bien, car ma femme vient précisément de sortir. Il ne faudrait pas, au moins, qu'elle se doutât de ce que je fais pour vous.

IV

Tous deux quittèrent la tonnelle enguirlandée de vigne vierge et de volubilis. Tous deux, avec un air mystérieux, rentrèrent chez Droguepet qui s'assura que ses domestiques ne lui traînaient pas aux talons. Je ne veux pas faire la nature humaine meilleure qu'elle n'est en réalité. Rotenfluth, qui était au fond un brave homme, ne pouvait cependant se défendre d'une tentative coupable et furieuse, tout en montant l'escalier. Ils allaient être tous les deux tout seuls dans la chambre où étaient la cachette et le précieux flacon. Il était trois fois plus fort, au moins, que Droguepet et lui arracher la petite bouteille en lui envoyant un bon renfoncement dans le ventre avec le genou n'était vraiment pas un exercice malaisé. C'était canaille, mais enfin! Après son onzième enfant, on n'est plus tenu à de grands égards pour l'humanité. Droguepet crierait peut-être. Mais bah! Comment oserait-il parler de l'objet dont il se dirait dérobé! Je dirai que j'avais une rage de dents et que je me suis précipité instinctivement vers un élixir odontalgique : cet horrible mal fait tout excuser.

Ainsi Rotenfluth méditait mille projets coupables contre le trop confiant Droguepet. Ainsi tous deux arrivèrent-ils dans la chambre de madame Droguepet. Le chimiste poussa un bouton invisible dans l'alcôve. Une toute petite porte de placard s'ouvrit. Notre homme y étendit la main pendant que Rotenfluth se préparait aux traîtrises de l'attaque projetée. Mais soudain Droguepet se retourna, la main vide, avec un air tout à fait extraordinaire et confondu.

— Eh bien! lui demanda Rotenfluth.
— Eh bien! ma femme l'a emporté.

SOLEIL COUCHANT

SOLEIL COUCHANT

I

Dans une brume lourde et violette, faisant comme une muraille à l'horizon, le soleil sans rayon se débattait, apparaissant seulement comme un trou rouge, comme une blessure ouverte dans la profondeur du ciel. Parfois les vapeurs semblaient l'étreindre et étouffer sa flamme, sa pourpre pâlissait un instant. Mais elle se rallumait ensuite plus ardente et l'astre sans cheveux ressuscitait comme une tête sanglante de supplicié que la main d'un invisible bourreau suspendrait dans l'espace. Au-dessous, dans le fleuve où se répétait l'image flottante des rives, un globe rouge tout pareil était traversé de sillons d'argent, et c'était un grand calme, dans la nature, devant ce déclin d'un soleil découronné comme un roi proscrit et descendant les marches d'ombre de l'horizon. A peine les hirondelles, que l'approche du soir fait toujours inquiètes, effleuraient-elles l'eau, en l'égratignant de la pointe de leurs plumes aiguës comme des flèches. Le recueillement était partout, dans les grands bois qu'on eût dit agenouillés devant ce spectacle mélancolique, dans la plaine où les derniers papillons passaient comme de petites taches jaunes et blanches sur l'uniformité des verdures brûlées et rousses.

Nos amis Laripète et l'amiral Lekelpudubec considéraient silencieusement le paysage et la face purpurine de Phébus.

— Ça me fait l'effet d'une sorbe gigantesque! fit tout à coup la commandante en rompant cette mélancolique attitude.

— Et à moi d'un énorme boulet de fer rouge lancé dans le ciel par un artilleur mystérieux, poursuivit le commandant.

— Moi! ça me rappelle le derrière de la princesse Onénésanbobo! fit avec un énorme soupir le sympathique Lekelpudubec.

Et une larme... — oui, mes enfants, une larme, grosse, ma foi, comme un œuf de roitelet, — dégoulina le long des rides de la joue de ce loup de mer endurci, se brisant en cascade aux sillons de son rude visage et s'éparpillant aux brins gris de sa moustache ébouriffée. Car il portait la moustache, maintenant, par esprit de protestation.

— Il va nous en conter encore une bien bonne ! fit le commandant à sa femme en pleurant aussi, tant il était bon enfant et de compatissante nature. Et, en effet, d'une voix extrêmement dolente, l'amiral continua comme il suit:

II

— C'était pendant mon voyage aux îles Galipètes que peu de géographes ont mentionnées, mais qui n'en sont pas moins d'une possession importante pour un peuple soucieux de coloniser au loin. Car les naturels, de vrais sauvages cependant, y fabriquent la meilleure anisette que j'aie bue de ma vie, et d'une telle efficacité carminative, qu'elle pouvait remplacer, au point de vue des sonorités viriles, la poudre à canon. Je les avais flairées de loin — car j'étais, comme marin, un rude chien de chasse, et c'est ce qui m'a rendu la victime des curieux, — et j'avais rêvé d'en accroître notre domaine exotique. C'était une surprise que je voulais faire au gouvernement et un soufflet que je voulais donner au ministre qui m'avait traité de fichue bête en plein conseil. Quel nez il aurait fait, l'animal, quand un rapport authentique lui aurait appris que que j'avais planté notre drapeau dans une terre inexplorée ! Je dirigeai mon navire à vue de nez, les narines au vent, et pan ! un beau jour, étant parti en reconnaissance, seul, avec deux vaillants matelots, sur une chaloupe, je tombai dans une embuscade des Galipéteux qui nous firent prisonniers tous trois, malgré mes protestations de bonne amitié. Car je leur jurais tous mes dieux que j'étais un simple commis voyageur de la maison Potin d'alors, qui leur venait proposer une magnifique affaire sur les alcools. Le prestige de l'uniforme, mon aspect noble et guerrier, plus encore l'attitude inconvenante de mes deux compagnons qui tentèrent stupidement de résister, nous perdirent. Nous fûmes traités en conquérants, c'est-à-dire que mes deux camarades furent mangés le soir même dans un copieux repas. Moi, toujours grâce à ma belle apparence personnelle, on me traita avec d'ironiques égards, et je compris vite que les drôles méditaient de tirer de moi une effroyable rançon. — Bien comme je suis avec le ministère, pensais-je, voilà une fâcheuse affaire pour moi. Le ministre n'offrira pas seulement quatre sous de ma peau ! Je serai humilié par les propositions dégradantes de mon gouvernement et je finirai comme ces tristes mathurins, à la broche !

Telles étaient mes méditations pendant que le roi de ces insulaires me faisait conduire dans une sorte de palais en bambous, très confortable, ma foi ! et où je fus comblé d'attentions tout à fait délicates, tandis que des relations diplomatiques étaient engagées avec le consul français le plus voisin. Car, si nous ne connaissions pas l'existence de ces sauvages, ils connaissaient parfaitement la nôtre et savaient notre histoire aussi bien que nous. C'est une découverte humiliante, mais que nous faisons souvent chez des étrangers dont nous n'avons pas jusqu'ici tenu assez de compte.

J'ai dit que ma demeure de prisonnier était confortable. J'occupais néanmoins mes loisirs de captif à l'enjoliver et à l'agrémenter. C'est ainsi qu'à défaut de Walter Scott hygiéniques, comme je les avais rêvés, j'y fis installer, tout au moins, une large planche traversée d'une lunette, me refusant absolument à adopter la coutume des indigènes qui allaient porter, comme autrefois les fervents du culte de Neptune, leurs offrandes à la mer. C'est dans une très jolie petite cabane que j'avais disposé ce monocle horizontal, également utile aux presbytes et aux myopes.

III

C'est étonnant comme les filles des rois se sont toujours amourachées de moi. J'étais certainement né pour fonder quelque part une dynastie. J'avais en moi tout ce qu'il faut pour cela. L'intrépidité d'abord, et le reste aussi. La fille du souverain des îles Galipètes s'appelait Onenésanbobo et son père répondait au doux nom de Kalvessochou XXXIV. Car le respect de la légitimité régnait dans ces lointains parages, où j'avais rêvé d'installer une République Athénienne comme la nôtre. La princesse Onénésanbobo avait les cheveux crépus, mais d'un noir magnifique et luisant. Elle était néanmoins blanche comme tous les naturels du pays, d'un blanc mat et tirant un peu sur le jaune, comme en ont chez nous les personnes poitrinaires (ainsi nommerons-nous par abréviation les malades du foie). Je ne hais pas les teints imprégnés de bistre et noyés d'ambre. Onénésanbobo y ajoutait un corps d'une plastique tout à fait appétissante, mince aux épaules et extraordinairement abondant aux hanches; ce qui rend toujours la femme d'un commerce bien agréable (fi! que le mot commerce est laid! mais que voulez-vous ? il est consacré par l'usage). Sa face à main (ainsi nommerons-nous, s'il vous plaît, le postérieur féminin, pour ce qu'il est si délectable au toucher!) était d'une ampleur rebondie à faire rêver un marchand de citrouilles. Mais comme il différait de ces lourds et communs cucurbitacés par la finesse de la peau et son harmonieux contour hémisphérique! Comme son unique costume consistait en une plume de kakatoès dans le chignon, j'avais pu contempler souvent cette merveille et, le dois-je avouer?—oui, certes, car c'est une des beautés de notre caractère français intrépide et léger—je me consolais du triste sort qui m'attendait quand le ministre aurait répondu qu'il ne grèverait certainement pas le budget pour m'empêcher d'être empalé, je me consolais en regardant cette superbe mappemonde vivante auprès de laquelle celle des savants est si peu de chose ! Eh bien! Cette femme incomparablement pourvue, cette callipétardière créature m'avait distingué et m'aimait en secret. Elle me l'exprima par une mimique si claire que je n'oserais, commandante, la répéter ici devant vous. Il n'y avait aucun doute sur sa bonne volonté, aucune équivoque sur ses intentions. Ce n'est jamais avec une mimique comme ça que l'on proposera à quelqu'un une partie de whist ! Cette découverte me combla de joie et d'orgueil. La princesse n'avait aucune des timidités de nos jeunes filles. Par une nuit sans étoiles, elle me vint trouver dans ma prison. Ah ! les étoiles qu'on dit bégueules avaient bien fait de s'en aller... Nom de nom, de nom, de nom ! Je n'aurais jamais cru que le métier de prisonnier de guerre fût aussi agréable que cela !

IV

Trois jours après, par un autre nuit sans étoiles, la princesse Onénésanbobo entrait chez moi dans un trouble extraordinaire et en poussant de petits cris gutturaux qui m'indiquaient certainement un effroyable danger, tant ils sonnaient l'inquiétude, l'angoisse et le désespoir. Toujours avec sa mimique éloquente, elle m'annonça que, comme je l'avais prévu, on me lâchait avec plaisir au ministère et que ma fin était prochaine, une fin terrible et compliquée de tortures raffinées. C'est ainsi qu'on me devait d'abord appliquer le carcan-fessier, instrument de supplice particulier à ces cannibales, et dont je ne saurais parler encore sans une indicible horreur. Le condamné était mis à quatre pattes et on lui faisait entrer violemment le postérieur dans un trou circulaire percé au milieu d'une forte planche ; on le maintenait ainsi engagé dans cet orifice et la tribu tout entière venait lui administrer des coups de lanière, où vous savez maintenant, jusqu'à ce qu'il ne lui restât plus un fil de peau là où nous avons coutume de porter une culotte. C'était épouvantable, odieux, anéantissant. Fuir? impossible! La princesse se tordait les mains de désespoir et moi je ne me sentais pas le courage de consoler son amoureuse douleur. Je me sentais déjà mal au bas des reins. J'y éprouvais des brûlures appréhensives. Puissance de l'imagination! Ces milles fouets me faisaient déjà bondir. Une fanfare retentit dans l'obscurité sans astres. Des hommes entouraient le palais en bambous qui me servait de demeure. On venait me chercher... — Fuyez, Onénésanbobo, m'écriai-je. Fuyez ! et abandonnez-moi à mon misérable sort.

Avec un regard de reconnaissance pour ma générosité, la princesse prit, en effet, de la poudre d'escampette, mais il me sembla qu'elle n'avait pu sortir et avait dû simplement se blottir dans quelque cachette pour y attendre sans être vue.

Un instant après une espèce de singe, tout empanaché de plume d'aras, venait me baragouiner je ne sais quoi et dix gaillards vigoureux m'empoignaient pour me conduire à la place de grève de Pipipolis, capitale des îles Galipètes. Il faisait petit jour déjà, et, comme nous, les sauvages aimaient, pour la gaîeté des exécutions, les premières clartés caressantes de l'aube.

V

Oui, un tout petit jour avec des frissons d'argent et des fraîcheurs qui me mordaient aux épaules. Dans la clarté presque crépusculaire, je vis distinctement une grande foule qui m'attendait avec d'impatientes gouailleries. Car c'est presque aussi dégoûtant là-bas qu'à Paris. Des cocotes de l'endroit étaient perchées sur des arbres et faisaient un tas d'agaceries inconvenantes à des godelureaux qui fumaient de grandes pipes en se grattant cyniquement le dessous des aisselles. C'était humiliant vraiment d'être supplicié devant ce monde-là. On me posa sur mes mains et sur mes genoux, suivant le rite tortionnaire que j'ai décrit et le carcan-fessier me fut passé comme la toison d'or, mais pas au même endroit. Ça me serrait horriblement, bien que je n'eusse pas eu grand'chose à y mettre, ce qui avait causé, parmi le public, une rumeur de désappointement. Les flagellaires attendaient, en faisant siffler leurs courroies à nœuds pour me mettre en appétit. Moi, je n'étais pas seulement pressé, mais c'est égal, je m'ennuyais horriblement dans cette ridicule posture. Tout à coup un grand cri retentit et un brouhaha énorme fit diversion. La princesse Onénésanbobo, qu'on attendait seule pour commencer la cérémonie, n'avait pas été trouvée dans ses appartements. Le roi était furieux. Il fallait avant tout retrouver l'héritière du trône, la loi salique n'existant pas dans les îles Galipètes.

Tout ce monde se mit à causer à tort et à travers, sans plus s'occuper de moi. J'en profitai pour me sauver, en sautant comme une grenouille, puisque je ne pouvais me relever, et je me réfugiai derrière un massif de cactus où j'espérais échapper à tous les regards.

Tout à coup, j'aperçus, j'en frémis encore, un autre être humain qui, comme moi, sautait en grenouille, le derrière engagé comme le mien dans une planche et sur lequel s'abattait une pluie de coups de fouet. C'est pour moi qu'on le prenait sans doute et on lui faisait payer ainsi cruellement mon évasion. Pif! Tzi! Pif! Les lanières sonnaient et tout devenait rouge sous elles. Enfin, la victime s'affaissa et les bourreaux reculèrent épouvantés, quand ils reconnurent, après l'avoir délivrée du carcan-fessier, la fille de leur roi, la princesse Onénésanbobo elle-même!

Comment avait-elle été victime d'une telle méprise? Son dévouement de fille amoureuse avait-il été jusqu'à se substituer à moi sous le fouet des tortionnaires? Je le crus un instant et j'en éprouvai pour elle une admiration sans bornes.

Hélas! c'était plus simple et bien moins héroïque, comme je l'appris depuis. En cherchant à se cacher, sur mon invitation d'ailleurs, la princesse avait justement été se blottir dans la chambrette où j'avais installé mon rudimentaire Walter Scott; imprudemment elle s'était laissée tomber, lasse d'émotion, sur le siège modeste que j'ai décrit. Mais, grâce à sa rotondité débordante, elle s'était engagée, et aussi par le poids que lui donnait la vitesse acquise de sa chute, si avant dans le monocle qu'elle n'avait plus pu se dégager et n'avait pu sortir de son asile, le danger passé, qu'en emportant la planche avec elle... Vous savez le reste, commandante. Mais jamais je n'oublierai — et ce me sera un remords éternel — le pauvre derrière de la princesse Onénésanbobo écarlate sous le fouet des porteurs de lanières, et quand le soleil fait de ces effets-là, en se couchant, vous le voyez, j'ai encore les larmes aux yeux !

Le commandant serra affectueusement la main de l'amiral et madame Laripète porta ses deux mains à ses hanches rebondies pour s'assurer qu'elle avait les mêmes vertus que la princesse Onénésanbobo.

COCO

COCO

I

Comme son nom l'indique, un simple perroquet. Magnifique alors, pour être le digne héros d'une aventure ! Non ! ma foi ! Un médiocre perroquet, de petite taille, d'un vert douteux avec quelques plumes sanguinolentes aux ailes, le *perroquetus vulgaris* des concièrges ; mais méchant et désagréable comme les autres — j'entends les perroquets et non les concierges, ne voulant pour rien au monde me mettre mal avec une corporation qui nous peut fermer au nez la porte ou nous chiper nos lettres. — Alors qu'avait donc ce Coco de si intéressant ? Tout simplement la place qu'il tenait dans la vie d'une fort jolie femme. Etait-ce donc un présent d'amour, le souvenir d'un retour des Indes impatiemment attendu ? Pas du tout. Madame Filosa était une très vertueuse personne et qui fréquentait chez mes parents, quand j'étais beaucoup plus jeune qu'aujourd'hui. Elle était blonde, blanche, appétissante comme un morceau de pain frais, avec un sourire qui montrait de jolies petites dents nacrées. Je la revois encore et je crois bien que j'en étais un peu amoureux comme de toutes les dames grassouillettes qui venaient en visite à la maison. J'étais lunatique (j'entends non pas fantasque, mais amateur de pleines lunes) dès mes jeunes années. Coquelin cadet, le joyeux auteur du *Rire*, prétend que j'ai dû naître à Saint-Lunaire. Mais non, je suis né tout bêtement à Paris, tout en m'enorgueillissant d'être de Toulouse la Romaine. Ah! il y avait un Monsieur Filosa, un petit homme devant sa femme, bien qu'il mesurât une haute taille et une ampleur imposante. On m'a souvent conté, dans ma famille, le martyre dont était l'objet ce pauvre homme qui relevait de l'Enregistrement ou des contributions indirectes, je ne sais plus au juste lequel des deux, dans le chef-lieu d'arrondissement que nous habitions alors. Or, Coco était précisément l'instrument de torture au moyen duquel Madame Filosa, excellente tortionnaire, Torquemada femelle, tourmentait le benoît fonctionnaire que ses parents lui avaient donné en justes noces, comme on disait dans le Code latin. Coco était le dieu de la maison, et le pauvre époux en était le domestique. Coco jouissait de licences sans nombre et Monsieur Filosa n'osait dire : ouf ! chez lui, même quand il faisait très chaud. Coco parlait mal mais un peu. Il comptait aussi. Tout le monde devait faire silence pour l'écouter. Un jour qu'il avait compté jusqu'à cinq, M. Filosa eut le tort de l'interrompre en éternuant, ce qui est cependant un acte bien involontaire. Sa femme le traita d'imbécile, d'impertinent et de jaloux et ajouta : — On voit bien que vous n'êtes jamais allé jusque-là !... Parbleu ! Coco avait son perchoir nocturne tout près de l'oreiller de Madame, et Monsieur couchait seul dans un autre lit, sous prétexte qu'il ronflait et empêchait Coco de dormir. Une autre fois, le perroquet eut une espèce de fluxion qui lui souleva l'œil gauche, lequel clignotait déplorablement avec un papillottement d'or changeant. — La pauvre bête est bien défigurée ? hasarda de dire ce pauvre Monsieur Filosa. — Il serait à souhaiter que vous lui ressembliez ! lui répondit aigrement sa femme.

II

Un jour, Coco dont la fluxion était cependant guérie, se mit à ne plus parler ni compter. Ce mutisme inattendu mit sa maîtresse dans une inquiétude mortelle. Elle prétendit tout d'abord que c'était son mari qui avait blessé la légitime susceptibilité de l'animal en lui coupant la parole. Monsieur Filosa dut faire ses excuses au perroquet qui les accueillit avec plus de dignité que de courtoisie. Mais Coco ne recouvra pas la parole pour cela. On lui joua du piano dans l'espoir que le désir de faire taire les sons désagréables de cet instrument lui ferait élever la voix. Les plus agaçantes mélodies de Rosellen lui-même n'eurent pas raison de l'obstination de l'oiseau. On lui donna successivement un lavement trop chaud et un lavement trop froid (à lui qui était fort difficile en cette matière) sans en obtenir la moindre protestation. Madame Filosa passait des journées entières à lui parler nègre aux oreilles, dans l'espérance qu'il répéterait un mot, un seul ! Rien ! pas le moindre écho à ce bavardage, pas la moindre rime à cette poésie hottentote. On fit venir plusieurs vétérinaires qui visitèrent la langue de la bête et la déclarèrent en parfait état. Pendant ce temps, le pauvre Monsieur Filosa se mourait d'une colique à laquelle on ne portait pas la moindre attention. Il eût fait bon qu'on s'occupât de lui pendant que Coco demeurait implacablement silencieux !

Vous ai-je dit que madame Filosa était dévote ? Je ne lui en fais pas un reproche, au moins. Les femmes dévotes ont du bon qu'on reconnaît en étudiant, de plus près, celles qui ne le sont pas. Le bon Dieu est encore l'amant dont je serais le moins volontiers jaloux. Au moins, est-ce plus flatteur d'être trompé pour lui que pour un simple godelureau. C'est ce qu'on peut appeler un m...aître sérieux. Ah! que j'en ai vu de ces jolies petites dévotes de province qui emportaient du confessionnal un air contrit à faire pouffer de rire, une bonne petite moue de repentir qui eût désarmé Satan lui-même, sans parler de ce doux relent d'encens que les femmes qui fréquentent les églises emportent dans leurs cheveux et qui en sanctifie délicieusement les aromes profanes et charnels. Charmants à tracer — et j'y reviendrai un jour — ces profils de paroissiennes dominicales qui marchent vite dans les rues, avec un regard de côté et un livre dans la main, ou qui reviennent en grignottant un petit morceau de pain bénit. Tout le charme n'est pas aux courtisanes, comme on feint de le croire aujourd'hui. Oui, Madame Filosa était dévote, et si quelqu'un se fût permis de jurer devant elle, elle se fût signée avec horreur et mépris.

— Si vous faisiez prendre tout simplement à votre perroquet du vin sucré! lui dit, au sortir des vêpres, le marguillier Ventemollet qui avait beaucoup de sympathie pour elle. C'est le remède indiqué par Molière pour les oiseaux et pour les jeunes filles muettes.

Un verre de vin très sucré et un peu tiède fut préparé par madame Filosa, qui y trempa de petits morceaux de pain et commença à les glisser dans le bec noir de Coco qui en faisait claquer les bouts, par impatience, comme des castagnettes : au troisième morceau, l'oiseau dit :

— Nom de Dieu ! vous allez m'étrangler.

— Merci ! Seigneur, s'écria madame Filosa, en tombant à genoux.

— Mais il a juré ! hasarda son mari.

— Est-ce qu'il sait, lui ! fit-elle avec toutes les miséricordes du monde dans le sourire et dans le regard.

III

Monsieur Filosa venait d'être nommé de second
classe sur place. Car c'était un fidèle employé e
très dévoué à son état. C'est un homme qui vous au
rait conservé des hypothèques dans de l'esprit d
vin plutôt que de les laisser se gâter. J'approuver:
toujours le gouvernement quand il donnera à de tel
hommes un avancement mérité. Il parut convenabl
à madame Filosa de donner un dîner à cette occa
sion, un de ces bons petits dîners départementau
où le poisson et les croquembouches arrivent tou
montés de la cuisine du principal hôtel de l'endroit
C'est un genre d'agapes dont je me défie. On n
mange bien en province qu'à la condition de mange
simplement. A moins cependant que Paul Graff, l
Mécène culinaire des artistes normands, ne daign
lui-même faire sauter un poulet ou assaisonner un
sole. Autrement, ça n'en vaut pas la peine. Vive l
pomme de terre et les bons ragoûts que la ména
gère a laissé mijoter en conscience, elle qui fait s
bien la nique à l'odieuse sauce brune des restau
rants parisiens ! Mais je reviens au dîner offert pa
les époux Filosa. Je dis : dîner, parce que c'est ains
qu'on nomme, dans les deux tiers de la France, l
repas copieux qui se fait vers midi, et qui souven
ne dure pas moins de la demi-journée. Toutes le
personnes notables de l'endroit y étaient invitées.
dont les auteurs de mes jours qui en faisaient partie
et de qui je tiens ce trait suprême des amabilités de

Coco. Je ne vous parlerai pas du menu, ni même des invités. Que vous importe qu'il y eût là le président Battopieu, le commandant Mouilledru, le percepteur Vessedroit, l'avoué Pissoli, le notaire Rothensol, le rentier Foirasse, l'architecte Pétalas, le docteur Poussemol, l'apothicaire Oculi, et cette fleur de la noblesse du lieu, haute dame Fourton, née Danmon; douairière! une société choisie, quoi!

On était en été et, dans les carafes aux larges bords, la tisane frappée fut servie, en même temps que la langouste, dite en belle-vue, c'est-à-dire, détaillée en menues tranches aux bords rosés servant d'assises à une architecture de gobichonnades variées, descendait solennellement sur le milieu de la nappe. On sentait parmi les convives, outre une délicieuse odeur de femmes décolletées dont la tiédeur de l'atmosphère aiguisait les parfums naturels, un redoublement de belle humeur et d'appétit.

— Coco! Coco! où est Coco? fit tout à coup madame Filosa, en regardant autour d'elle avec des minauderies inquiètes.

L'affreux oiseau accourut, en battant lourdement de l'aile. Après avoir été frôler ses pattes rugueuses à la main charmante et douce de madame Filosa, il sauta sur le bord d'une des carafes de champagne et s'y tint en équilibre.

— Est-il charmant ainsi! s'écria sa maîtresse enthousiasmée.

Le perroquet se retourna, sans quitter son perchoir de verre, et v'lan! il laissa choir une belle crotte blanche dans la tisane.

Cette familiarité causa un froid. Madame Filosa ne broncha pas.

Se penchant vers l'oreille de l'apothicaire Ocul[?] qui était son voisin, le pauvre M. Filosa se contenta de dire :

— Ah ! sapristi ! si c'était moi qui eût fait ça !

LE SECRET DE PASCALOU

LE SECRET DE PASCALOU

I

Cette autre histoire me fut également contée à Ornolach, au fin fond de l'Ariège, près du fleuve aux eaux d'argent qui roule bien quelques cailloux menteurs comme ceux de la Garonne aux flots de brique. L'aventure est très naïve, mais un peu gauloise aussi et le vieux paysan qui me la conta semblait y croire. Je dus faire semblant aussi pour ne pas le désobliger et, pour peu que vous ayez le sentiment de la politesse, vous ferez comme nous deux pour ne me pas faire passer pour un imposteur.

Donc, au dire de ce macrobien (le mot vieillard a fait son temps), vivait, il y a une cinquantaine d'années, entre Ornolach et Ussat, un vieux médecin très renommé qui ne pratiquait plus son art que rarement et seulement au profit des pauvres diables. Le docteur Mage — ainsi le nommait-on — avait été célèbre, même à Paris, puis il était revenu dans le pays, avec une grosse fortune qu'il dépensait surtout en aumônes et œuvres bienfaisantes. C'était un homme étrange, petit, avec un air diabolique et bon enfant tout à la fois, des yeux perçants, un sourire moqueur et cependant un air indéfinissable de bonhomie. Affreusement sceptique, il était en discussions continuelles avec le curé, ce qui ne les empêchait ni l'un ni l'autre de passer la soirée ensemble à jouer aux échecs. Le docteur Mage avait d'autant plus de mérite à être pratiquement philanthrope qu'il professait, en apparence surtout, un mépris souverain pour l'humanité. Retiré à la campagne, dans une région très abrupte encore, dans ce temps-là, il observait impitoyablement les mœurs des paysans et ne tarissait pas sur la grossièreté de leurs vices dont les deux plus grands sont assurément l'avarice et la cupidité. Il aimait à les railler sur leur amour désordonné des biens de ce monde et ne manquait jamais de leur faire de mauvaises et méchantes plaisanteries à ce sujet. Car il avait, dans l'esprit, une certaine gaieté goguenarde, une façon de s'amuser à froid de la sottise des gens tout à fait particulière. Tout en l'aimant et en l'admirant pour sa générosité, on le redoutait pour la malignité de ses propos et quelquefois de ses actions. Tout le monde rendait justice à la loyauté de son caractère ; sa parole était, pour tout le monde, parole d'évangile et, dans tous les cas, — très nombreux — où il était consulté, son avis avait, pour tous, la valeur d'un véritable arrêt. Et maintenant, vous connaissez le bonhomme aussi bien que moi et mieux peut-être que celui qui m'en fit le portrait.

II

— Qu'as-tu, Pauline, mon enfant? dit d'un air très paternel le docteur Mage à la jolie Pauline Guarrigue qui passait, mélancolique, sur le chemin déjà bordé de feuilles jaunes par les premiers souffles d'automne, et dont les yeux brillaient encore de larmes à peine séchées.

— J'ai, répondit Pauline, en étouffant un soupir, qu'on ne veut pas que j'épouse Pascalou.

— Pascalou, le vannier ! Un brave garçon cependant, et qui m'aidait autrefois de son adresse quand j'avais besoin d'un aide. Pascalou, ce beau gars maintenant, qui est assurément le plus courageux au travail de tout le pays. Il t'aime, dis-tu, fillette ?

— Hélas! monsieur Mage, et je l'aime aussi de tout mon cœur.

— Et pourquoi ne veut-on pas vous marier ?

— Parce que, bien que laborieux comme vous le savez, Pascalou n'a pas un sou de bien au soleil, tandis que mes parents ont une métairie et de l'argent placé. Aussi, n'en faut-il parler ni à mon père ni à ma mère qui ne savent quelle avanie lui faire, quand ils le rencontrent, pour le détourner de moi. Mais le pauvre garçon souffre tout sans se révolter ni se plaindre. Ah! nous sommes tous les deux bien malheureux.

— Toujours les mêmes, ces sacrés paysans, pensait le docteur.

Et il sembla qu'un combat s'engageait en lui, un combat où sa générosité naturelle était près de triompher, si bien qu'on n'eût pas été étonné de l'entendre dire tout à coup : « Eh bien! mon enfant, ne pleure plus; je vais doter ton fiancé. » Mais il réprima visiblement ensuite ce mouvement de bonté exagérée en murmurant : « Ce serait trop bête! Il sera toujours temps! »

— Rien n'est perdu! fit-il tout haut, en souriant avec un éclair de malice sur les lèvres, comme un homme à qui une idée comique vient de venir. Peut-être pourrais-je tout arranger, Pauline. Envoie-moi seulement Pascalou, que je puisse causer un instant avec lui.

— Eh! quoi, monsieur Mage, vous nous sauveriez?

Et Pauline tendait ses jolies mains jointes dans une pose de reconnaissance et de supplication à la fois, tout à fait charmante et touchante.

— J'essayerai! dit le docteur en continuant à rire en dedans. Va-t'en maintenant à tes travaux, ma fille, et aie bon courage.

Pauline le remercia encore et s'en alla tout doucement, comme si elle craignait de sortir trop tôt d'un beau rêve. M. Mage ne put s'empêcher d'admirer, en la regardant s'éloigner, la magnifique et lourde chevelure noire qui surplombait la nuque aux tons ambrés et chauds de la jeune fille, la splendeur robuste de sa taille miraculeusement flexible jusqu'à la solidité rebondie des hanches, la grâce ingénue de sa démarche qui eût pu être celle d'une Galathée ou d'une Néère, le charme de cette belle créature mettant le rayon d'un printemps immortel dans la poésie faite de soleils pâles et de souffles mourants des déclins de l'année !

III

Deux heures après, Pascalou était chez M. Mage. C'était bien le beau garçon qu'avait dit celui-ci, avec l'air franc et même un peu bébête, mais merveilleusement musclé, énergiquement constitué, un mâle superbe en un mot et portant au front les fiertés viriles de la force et du courage.

— C'est vrai que tu aimes Pauline Guarrigue?

— A en mourir, monsieur Mage.

— Et c'est vraiment parce que tu es pauvre qu'on te la refuse ?

— Quelle autre raison, puisqu'elle m'aime aussi ?

— En sorte que si tu avais de l'argent, ce serait demain chose faite ?

— Certes, et même ses parents me feraient assurément des excuses pour toutes les sottises dont ils m'ont comblé.

— Veux-tu que tout ceci soit à toi ?

Et ouvrant un tiroir de son secrétaire, M. Mage y

remua à poignée des écus qui lui ruisselaient entre les doigts avec un bruit joyeux de richesse, un tintement clair, un susurrement argentin qui eût réveillé de son lourd sommeil un avare trépassé depuis plusieurs siècles.

Pascalou regardait avec des yeux stupides, en tournant ses pouces l'un autour de l'autre.

— Il y a là vingt mille francs, continua avec un certain air d'indifférence le docteur, plus certainement que ne valent les biens des Garrigue. Je les mets à ta disposition.

Pascalou tomba aux genoux de M. Mage avec un hoquet d'émotion.

Mais celui-ci le releva très vivement :

— Ne me remercie pas encore, imbécile. Il y a une condition à cela.

Pascalou se redressa avec un air de méfiance soudaine.

— Il n'est rien que tu ne sois prêt à sacrifier pour avoir cette dot et épouser Pauline ?

— Non, rien, fit le jeune homme avec un certain trouble cependant dans la voix.

Le docteur Mage montrant sur sa table un bistouri grand ouvert, murmura quelques paroles à voix basse à l'oreille de Pascalou.

Celui-ci, très pâle, fit un saut en arrière, bredouillant : « Il me servirait joliment de me marier après ! »

Le docteur ferma gravement la boîte où était l'instrument et dit à son client tout à fait décontenancé :

— C'est fort bien. Donne-moi ta parole que tu ne

diras rien de ce que je t'ai proposé, et que tu me laisseras faire croire à tout le monde...

— Par exemple !

— Tu ne me comprends pas. Jure-moi, te dis-je, que tu me laisserais faire croire aux autres ce qui me plaira. N'as-tu pas confiance en moi ?

— Dame, après...

— C'était une plaisanterie, mon garçon, et qui me permettra seulement d'assurer ton bonheur sans avoir à mentir ni à me dépouiller de mon propre bien, au moins pour le présent.

M. Mage avait un si grand air de bonhomie et de franchise en disant ces derniers mots que Pascalou, convaincu, lui promit solennellement de se taire sur leur entrevue, quoi qu'il en entendît dire.

IV

— Et c'est vrai, madame Guarrigue, que vous ne voulez absolument pas que Pascalou épouse votre Pauline ?

— Très vrai, monsieur le docteur. Un pauvre hère qui n'a pas un sou vaillant et fait à peine de quoi vivre lui-même !

— Hum ! hum ! J'ai des raisons de penser, madame Guarrigue, que vous vous trompez sur ce point.

— Et lesquelles, monsieur le docteur, s'il vous plaît ?

— Oh ! une seule, mais qui me paraît excellente. Si je vous disais qu'il m'a refusé vingt mille francs de quelque chose qui lui appartient ?

— Vingt mille francs ! Vous lui offriez vingt mille francs !...

— Sur mon honneur, madame, et il a refusé.

Madame Guarrigue demeura pensive.

— C'est alors un rude sournois, fit-elle, et qu[i] joue joliment bien la misère.

— J'ai mis les vingt mille francs devant lui, continua M. Mage, et je lui ai dit : donnant, donnant.

— Votre parole, monsieur Mage ?

— Ma parole la plus sacrée.

— Il faut bien que je vous croie alors. Mais peut-on savoir en quoi consiste ?...

— Non, il m'est absolument interdit de vous le révéler. J'ai également donné ma parole à ce sujet.

Quand madame Garrigue se trouva seule, avec son vieux mari, le soir, la tête tous les deux sur l'oreiller (ce n'était pas un joli spectacle), elle lui conta ce que lui avait dit M. Mage.

— Vingt mille francs ! bougonna le paysan, quelque chose qu'on ne veut pas donner pour vingt mille francs ! Moi qui donnerais ferme et bois pour la moitié ! Sacré Pascalou ! cachait-il son jeu, celui-là !

— Que faire, mon homme ?

— Lui faire bonne mine, tiens ! et lui donner Pauline, s'il nous la demande encore. Car, c'est vraisemblablement un héritage qu'il a fait depuis deux jours et il pourrait, à son tour, faire l'arrogant avec nous. Et tu n'as pu savoir ?...

— Rien ! absolument rien ! Est-ce une terre ? Est-ce un bijou précieux ? Un trésor de famille qu'on ne devait ouvrir qu'à une certaine époque...

— Vieux fou !

— Pourquoi donc ? Il y a des histoires comme ça dans toutes les familles. On voit bien que tu n'as jamais été au théâtre de Toulouse. Enfin, M. Mage t'a donné sa parole, engagé son honneur et c'est un homme qui n'a jamais menti. Je ne connais que ça et nous pouvons aller de l'avant !

V

Ils étaient affreux, vous ai-je dit, monsieur et madame Guarrigue, dans leur dodo de vieux, celui-ci avec un bonnet de coton enfumé et celle-là avec un bonnet de lingerie fripée et tout plein de cacas de mouches. Détournons-nous avec horreur de ce couple ronflant, après les confidences économiques qui remplaçaient pour eux, depuis longtemps déjà, les causeries des époux encore amoureux. Foin de ce traversin crasseux et des deux boules reniflantes qui oscillent dessus ! Franchissons trois mois, — qu'est-ce que cela dans la vie et comme j'en eusse donné bien davantage pour certaines minutes de bonheur ! — et allons regarder plutôt, autant que nous le permettent la discrétion et la délicatesse, monsieur et madame Pascalou, — car Pascalou a épousé Pauline le jour même, — dans leur beau lit bien blanc et odorant de lessive fraîche, dans le lit sur lequel descend, avec l'ombre tremblante des rideaux, leur première nuit de noces. Est-elle jolie, la mâtine, avec ses longs cheveux dénoués qui lui font comme un oreiller d'ombre et sa gorge de vierge, à peine réveillée par les premiers baisers de l'amour, du rêve des anciennes puretés, et sa bouche rose et humide, entr'ouverte sur la blancheur laiteuse des dents, par un souffle au rythme subitement apaisé. Ah! ah! mes petits malins, vous voudriez bien que je vous en raconte davantage. Mais tels hors-d'œuvre voluptueux ne sont pas de mon austère façon. Je ne suis pas, Dieu merci! un de ces écrivains délicieusement corrupteurs, qui se complaisent aux tableaux de cette sorte. Très convenable aussi, Pascalou, dans son uniforme de ravisseur légitime, dans sa petite tenue de galant autorisé par la loi, dans son déshabillé de cocu en espérance. On dit qu'il est doux de causer après boire. J'ajouterai: mais pas seulement après boire. Donc, ils causaient et c'était presque le petit matin, comme peuvent faire les gens qui ont longuement soupé et plusieurs fois rempli leur verre.

— Et, vraiment, tu ne peux pas me dire, mon Pascalou?

Un flot de baisers scandait ce point d'interrogation.

— J'ai juré, dit Pascalou.

Et comme les baisers continuaient de pleuvoir, drus comme une averse de printemps:

— A toi, cependant, continua-t-il. Il me semble que je peux bien te le dire à toi. Mais jure-moi que tu ne révéleras à personne.

Ce furent encore des baisers qui l'interrompirent et scellèrent le serment demandé.

Alors, prenant son parti de parjure, et lui parlant tout bas, bien qu'il n'y eût personne pour les entendre, il lui murmura longuement une histoire à l'oreille, parbleu ! celle de son entretien avec M. Mage. Elle fit d'abord des : Oh ! puis des : Ah ! puis elle poussa un : Ciel ! Enfin, elle se mit à rire comme une petite folle, mais à rire à tenir ses jolies côtes entre ses mains, ce à quoi l'aidait d'ailleurs consciencieusement Pascalou. Et lui aussi s'étouffait en se remémorant l'étrange pantomime du docteur. On dit qu'après avoir ri il fait bon boire encore. Et j'ajouterai, comme la dernière fois : mais pas boire seulement. Mettons que le verre leur remonta encore plusieurs fois aux lèvres, j'entends le verre où le baiser met sa divine liqueur.

. . . .

— Çà, ma fille, dit le lendemain matin, madame Guarrigue à sa fille un peu rouge encore des découvertes de la nuit, es-tu bien sûre, au moins, toi, que la dot mystérieuse que t'a apportée ton mari vaut vraiment vingt mille francs ?

Pauline eut un vrai cri :

— Vingt mille francs, maman ! non ! Trente mille ! Cent mille ! Un million !

Et, de ses deux mains ouvertes, blanches et pareilles à deux colombes qui s'envolent, elles semblait secouer en l'air, jeter au vent, disperser dans l'espace, les richesses méprisées de Salomon, de Nabuchodonosor, de Midas et de M. de Rothschild tout à la fois !

HILDEGARDE

HILDEGARDE

I

N'allez pas vous imaginer, au moins, une amazone fougueuse sous un chapeau mousquetaire empanaché de plumes et avec des bottes aux éperons déchirant une robe de velours noir. Non! Les noms ont des hasards ironiques en eux. J'ai connu un plumassier qui s'appelait Arbogaste. Il est vrai qu'il était impertinent comme un héros de tragédie.

Elle s'appelait tout de même Hildegarde et même Hildegarde Troupet, et était tout simplement la fille du jardinier Troupet, un vieux brave homme qui l'avait élevée dans la crainte de Dieu et dans les principes d'une excessive honnêteté ; au point qu'à dix-huit ans, non seulement elle n'avait rien perdu des roses du bas de son corsage, mais ne savait rien de rien des précieux mystères qui assurent une continuation à l'humanité. — Plût au ciel que cette innocence devînt générale et que disparût, enfin, de la terre lassée, la déplorable espèce à laquelle j'ai l'honneur d'appartenir ! Mais il y aura toujours des malins qui retrouveront le secret de se reproduire. Ils se disent : c'est très amusant dans le moment et après nous le déluge !... le déluge de sottises, de vices et d'iniquités que nos dignes fils gardent à l'avenir ! — Mais je reviens à Hildegarde. C'était, vous dis-je, un ange de pureté, et un ange gardien qui n'aurait surveillé que des pucelles. C'est rare à la campagne, allez, où les bêtes donnent de rudes leçons d'amour en plein vent aux jeunes filles. Mais Hildegarde ne comprenait pas. Elle croyait à des jeux inoffensifs et bizarres. Douce créature ! On se fichait bien un peu d'elle pour cette candeur obstinée. Les gars en enrageaient eux, parce qu'elle était appétissante vraiment et tout à fait tentante, la drôle, — ainsi nomme-t-on dans le pays les fillettes du peuple, — avec ses grands yeux d'un noir velouté, ses cheveux lourdement ramassés sur sa nuque aux reflets fauves et son air bon enfant qui la faisait quelquefois tout entière dans un regard ou dans un sourire.

Les choses allaient mal déjà pour les gens qui vivent des biens de la terre, et le jardinier Troupet dut se décider à mettre sa fille en condition dans la ville voisine, un chef-lieu d'arrondissement qui avait sa petite noblesse et sa petite bourgeoisie, comme tout coin provincial qui se respecte. C'est à certaine classe sociale qu'appartenait madame Opertuis-Galand, chez qui Hildegarde fut placée et demeura sous la bénédiction de l'auteur de ses jours.

II

Autrefois, les dames aimables appartenant au monde et qui avaient des amoureux recherchaient des servantes ingénieuses, habiles, rusées dont elles se faisaient d'agréables complices. L'institution des soubrettes, qui défraya longtemps la comédie, en est la preuve. Mais les soubrettes ne sont plus que de l'autre côté de la toile, maintenant. Les épouses coupables — et on en cite encore aujourd'hui — préfèrent en général, à présent, des caméristes sans malice qui se contentent de les servir et ne pénètrent pas à ce point dans l'intimité de leur vie. Personne ne prend plus aujourd'hui son domestique comme confident, ainsi que cela se passait dans la tragédie antique. Madame Opertuis-Galand était tout à fait de la nouvelle école. Elle ne trouvait jamais qu'une bonne fût assez bête, et elle avait tout de suite arrêté Hildegarde sur la seule renommée de son indécrottable naïveté. On était sûr, au moins, que celle-là ne s'apercevrait de rien !

C'est qu'il y avait beaucoup à s'apercevoir dans le ménage de cette honnête provinciale. Son mari était un digne procureur qui poursuivait les criminels avec l'âpre instinct d'un bon chien de chasse, un vengeur de la morale qui eût bien trouvé quelque chose à faire rien qu'en demeurant chez lui. Car il était cocu en diable, ce chat-fourré, comme nos pères appelaient les magistrats, cocu à je ne sais combien de carats, et non pas un de ces cocus du Cap qui n'ont plus aujourd'hui aucune valeur dans le commerce.

Le bijoutier qui l'avait monté à jour était un lieutenant de cuirassiers, le lieutenant Givet de Montout, un brave officier, ma foi, qui n'avait pas encore eu l'occasion de faire la guerre ailleurs que dans les draps des maris, mais qui y déployait un courage et des dispositions à la stratégie tout à fait remarquables. Toujours prêt à des expériences de mobilisation, celui-là! Toujours à la frontière de l'honneur conjugal et prêt à y pousser quelque reconnaissance hardie. Evidemment destiné à être un jour ministre de la guerre, ce Givet de Montout prenait du bon temps en attendant et s'exerçait à la prise de places moins bien défendues que les citadelles d'outre-Rhin. Telle avait été la vertu de madame Opertuis-Galand, qui avait capitulé après quelques jours de siège seulement. Les mérites précités de ce militaire avaient enthousiasmé cette femme au cœur grand ouvert, et le front de l'infortuné procureur était comme une cible hérissée du bois vibrant des flèches.

III

— Çà, Hildegarde, ma fille, vous allez, je vous prie, aller jusqu'à Bourneville-en-Douille me quérir un de ces pâtés de lapins qui en font la renommée et que je voudrais offrir à mes convives ce soir.

— Madame y pense-t-elle ? interrogea doucement Hildegarde. Bourneville-en-Douille est à une lieue et demie d'ici au moins et je ne serai jamais revenue pour faire le dîner.

— Voilà qui me regarde, mademoiselle. Partez, sans vous occuper du reste. Pendant ce temps-là, je veillerai moi-même à la cuisine, je surveillerai le poulet et je battrai l'omelette. Allez et ne prenez pas, je vous prie, la patache. Marcher vous fera du bien. C'est excellent pour les jeunes filles et cela vous gardera d'engraisser.

Hildegarde obéit, mit un foulard plus coquet autour de son chignon sombre et partit sous le soleil chaud qui mêlait son or vivant aux poussières du chemin. Car nous étions aux derniers jours de l'été, quand la canicule agonisante souffle à travers la plaine ses derniers soupirs de feu.

Un instant après, soulevant son grand sabre pour en amortir les cliquetis compromettants, l'héroïque Givet de Montout entrait dans la place, plus belliqueux que jamais. Car il n'était pas de ces guerriers vulgaires à qui les alourdissements de la température ôtent du tempérament. Les braves, au contraire, s'excitent, comme de vaillants coursiers, sous les éperons fulgurants du soleil!

— Que vous avez belle mine aujourd'hui, mon cœur! lui dit avec admiration madame Opertuis-Galand.

Vous savez ce que nous appelons les bagatelles de la porte. Ils ne s'y arrêtèrent pas longtemps. Le lieutenant avait tout à fait, en tactique, les opinions de Napoléon qui ne flânait pas aux couloirs de la victoire. Les suivrons-nous jusque dans la chambre de madame la Procureuse, un champ de bataille tout à fait plaisant, ma foi, et d'une fraîcheur adorable, les persiennes et les rideaux ayant été soigneusement fermés depuis plusieurs heures? Eh bien! non. Malgré le charme mystérieux et abreuvant de doux zéphyr qui caractérise ce lieu, nous ne les y suivrons pas... pour l'instant, au moins. Arrêtons-nous plutôt pour donner une pensée pieuse à ce bon cocu de mari qui, durant ce temps-là, consolait un autre cocu en envoyant son épouse adultère passer deux mois en prison. *Sic vos non vobis*. Il est doux et fructueux à l'âme de voir un aveugle compatir à la misère d'un borgne et un cul-de-jatté s'attendrir aux infortunes d'un boiteux.

IV

— Madame sera contente, se disait Hildegarde en se hâtant, si bien qu'un double ruisseau lui perlait aux tempes, comme la rosée perle aux feuilles tremblantes des roses matinales. Oui, Madame sera contente, car à force de marcher vite et de me presser, j'arriverai bien une bonne heure avant celle où elle m'attendait.

Bonne bête de fille, va !

Et de fait, madame Opertuis-Galand la croyait bien loin encore quand Hildegarde, ouvrit, sans bruit, la porte de la maison pour faire une surprise à sa maîtresse. Madame Opertuis-Galand la croyait si loin qu'elle n'avait pas encore congédié le lieutenant. Tout au plus en étaient-ils aux adieux de Fontainebleau, lesquels, comme chacun sait, durèrent fort longtemps. Tout le monde sait aussi que le général Bertrand embrassa son Empereur. Eh bien ! j'ose dire néanmoins que les baisers de ce grognard n'étaient que de la gnognotte de baisers auprès de ceux qu'échangeaient les amants coupables dans les propres draps de Monsieur le Procureur absent pour l'exercice de sa charge. Décidément le décor de Fontainebleau était plus noble et plus grand. Oui, mais il y avait là l'armée tout entière, ce qui est toujours gênant. Je me contenterai donc de les blâmer sans les plaindre.

— Tiens ! Madame n'est pas encore dans la cuisine ?... Et le poulet qui n'est pas à la broche ?... Et l'omelette que Madame devait battre en m'attendant ? Mon Dieu ! pourvu qu'il ne lui soit pas arrivé quelque chose !

Ainsi pense Hildegarde, petite bourrique !

Et, bien vite, en tapinois, elle grimpa jusqu'à la chambre de sa maîtresse, ouvrit la porte qu'on avait oublié de verrouiller, bondit dans la pièce, aperçut madame Opertuis-Galand et M. Givet de Montout dans l'exercice illégal de leur amoureuse médecine, poussa un cri d'épouvante et se sauva comme une folle, en brisant un objet qui lui lança, en se cassant, aux jambes, de grandes éclaboussures froides.

Quel était cet objet et quel sera-t-il surtout devant la postérité attentive à mon récit?

Sera-t-il Dieu, table ou cuvette?

Mettons qu'il n'était ni *table*, ni *Dieu*...

Le soir même la pauvre Hildegarde était flanquée à la porte et rentrait piteusement dans son village. Comme elle contait, toujours sans y rien comprendre, à son père, ce qui lui était arrivé, ce qu'elle avait vu, et l'étrange façon dont on l'avait chassée pour avoir fait une commission trop vite et témoigné de son intérêt pour sa maîtresse :

— Ecoute, lui dit le vieux qui était un sage, que ceci te soit une leçon pour l'avenir; quand tu verras, chez tes maîtres, faire les omelettes autrement que chez nous, ne mets plus les pieds dans le plat.

LE SINGE INSTRUCTEUR

LE SINGE INSTRUCTEUR

I

— Quand on juge les actions de l'homme, fit mélancoliquement la commandante qui était à la philosophie, ce soir-là, on ne comprend guère l'amour-propre que met le singe à les imiter.
— Etes-vous donc bien sûre, madame, répondit Jacques, que le singe ait cet amour-propre-là ?
— Toutes les histoires naturelles l'affirment et l'expérience est là.
— Toutes les histoires naturelles mentent et l'expérience est illusoire dans ce cas. Qu'y a-t-il d'é-

tonnant à ce qu'un animal constitué anatomiquement et musculairement à peu près comme nous ait des mouvements de corps analogues? L'homme, qui a bien plus d'amour-propre que le singe, en a conclu que celui-ci était préoccupé de le prendre pour modèle. C'est une pure naïveté. Doué d'un cerveau comparable au nôtre, pourquoi n'aurait-il pas des impressions similaires, cet ancêtre lointain, ce surnuméraire à l'humanité? C'est bien plutôt nous qui l'imitons et qui le devons faire par respect filial.

— Est-il possible ?

— Oui, madame, et je vous pourrais conter l'histoire d'un homme qui s'est fort bien trouvé de cette fidélité à la tradition, de cette vénération originelle, un homme que vous avez connu comme moi, le lieutenant Marcel Didier.

— Mais il est mort depuis longtemps!

— Si bien mort que tout à l'heure nous prenions ensemble, sur le boulevard, un de ces apéritifs qui signalent toute reconnaissance entre anciens militaires.

— J'avais entendu dire qu'il était condamné comme phthisique par les médecins, il y a bien dix ans de cela.

— C'est parfaitement exact. Tel était l'avis de tous les médecins bimanes. Un médecin quadrumane en a jugé autrement.

— Vous voulez rire, Jacques?

— Non, commandante. Et je veux vous édifier absolument sur l'aventure de ce sympathique garçon, laquelle mérite de demeurer dans la mémoire des hommes soucieux de juger les bêtes comme elles le méritent.

Et Jacques continua comme il suit :

II

Donc Marcel Didier avait dû quitter le service et devait vraisemblablement se préparer à quitter la vie. Un praticien distingué lui promit de le prolonger, s'il consentait à aller passer huit mois de l'année en Algérie. L'ex-lieutenant, qui ne tenait pas à mourir trop jeune, suivit le conseil. Dès septembre, il quittait Paris pour s'aller installer dans une jolie villa orientale sur le bord de la mer Bleue. A cette prescription, le praticien avait ajouté un régime sévère et une abstinence de tous les plaisirs qui seuls, cependant, rendent supportable l'existence. Vous m'entendez, n'est-ce pas ? Il lui était formellement interdit de faire le gentil avec les dames. Marcel, qui les aimait beaucoup, trouva l'ordonnance cruelle, mais le désir de vivre l'emporta sur tous les autres, ce que je ne comprends d'ailleurs pas. Car je vous demande un peu ce que vaut le reste. Abélard platonique, il se résigna à respecter un sexe qui n'y tient pas tant que cela. Voilà, me direz-vous un *modus vivendi* bien ridicule.

— Certes, fit la commandante qui avait des convictions faites sur ce point.

La compagnie de sa domestique ne lui suffisant pas, Marcel acheta un jour, à un petit Arabe qui le traînait par la rue brûlante, au bout d'une ficelle, un petit singe sénégalais dont la physionomie aimable et douloureuse tout ensemble le séduisit. L'animal torturé levait sur lui de petits yeux clignotants pleins d'une supplication telle ! Il en eut pitié, l'emporta sur son bras, et commença d'en faire son compagnon de toutes les heures. Dick, — ainsi s'appelait l'animal, — était remarquablement intelligent et affectueux. Fors l'habitude de faire ses ordures dans sa main pour en barbouiller le visage de son maître quand celui-ci l'avait enfermé, il était plein de réserve, de bonne tenue et d'une irréprochable éducation. Quand mai revint, Marcel amena à Paris son singe qui ne fit aucune attention aux cocottes fardées qui émaillent le chemin du Bois. Dick s'habitua fort bien aux usages de la grande ville. Ermenonville et Madrid n'eurent pas de client plus assidu. Mais dès que la première rouille d'automne monta aux branches, le singe, plus frileux que son maître, commença à tousser. — C'est un avertissement certainement qu'il me donne, pensa mon vieux camarade de régiment et, bien vite, il regagna l'Afrique où le soleil est moins paresseux que dans nos campagnes françaises et prend de moins longues vacances.

III

Reconnaissant de l'avis que Dick lui avait donné, Marcel se mit à examiner superstitieusement tous les faits et gestes de son compagnon, pour s'en inspirer dans sa propre conduite. Non seulement Dick lui servait de thermomètre, mais bientôt aussi il lui servit de maître d'hôtel. Le singe est essentiellement omnivore. Marcel prit peu à peu l'habitude de ne plus goûter qu'aux plats où Dick avait mis la patte avant lui. Par une étude savante des goûts culinaires de ce dernier, il modifia les siens et son estomac s'en trouva le mieux du monde. Dans la promenade, c'est Dick qui choisissait le côté de la chaussée et le café où il convenait de s'arrêter. Dick ayant horreur de l'eau ; son maître en conclut que les bains lui seraient pernicieux à lui-même. Muni de ce guide sûr, notre ami envoya successivement promener tous les médecins. Tout au plus se purgeait-il quand Dick le lui conseillait en mangeant immodérément du melon. Quand le singe éternuait, l'homme se mouchait aussitôt. Le moindre signe de Dick était un enseignement pour Marcel. Certes le spectacle était touchant de cet homme devenu l'élève docile d'un singe et s'en trouvant absolument bien. Car Marcel allait mieux d'année en année. Signe précieux dans un cas comme le sien : il engraissait ! Ce qu'il fallait admirer sans réserve, c'était la minutie avec laquelle son singe lui donnait des leçons. En voilà un qui ne semblait pas fier du tout d'être imité en toutes choses par son maître ! Parfois même Dick prenait de petits airs d'impatience et s'il eût su parler, il aurait dit vraisemblablement : — Mais fichtre ! ça devient de la contrefaçon !

Un jour, Dick reçut une calotte d'un de ses collègues, le sapajou à queue prenante du limonadier Ali ben Dada ! Il se contenta de s'en aller, en se frottant la joue. Marcel qui avait été, jusque-là, batailleur et duelliste, comme un diable, devint soudainement doux comme un agneau, convaincu que le coup fourré était décidément mauvais pour l'estomac. Une autre fois, le singe ayant dérobé deux dominos à un joueur qui gagna naturellement, Marcel qui avait toujours été la probité même au jeu, prit l'habitude même de tricher d'une indécente façon. Dick s'étant hissé sur la fenêtre d'un bureau de poste pour lâcher de l'eau dans la boîte aux lettres, Marcel ne voulut plus se servir d'autre urinoir, pensant que celui-là était le meilleur pour la santé de sa vessie. Ce fut un déluge de correspondances. Mais Dick n'ayant jamais eu la digestion sonore, Marcel se guérit de la fâcheuse coutume qu'il avait de barytonner dans sa culotte, ce qui était une des grandes gaietés de son caractère.

— Pouah! fit la commandante qui avait horreur de cette espèce d'esprit.

IV

— Ce n'est pas tout, poursuivit Jacques. Quand je rencontrai, comme je vous l'ai dit, tout à l'heure, Marcel Didier, je fus émerveillé de sa belle mine et lui en fis compliment.

— C'est encore à Dick que je dois cela, fit-il en passant affectueusement la main sur le petit crâne de curé de son compagnon.

Et il me conta... Ah! dame! commandante, ah! c'est plus malaisé à dire. J'essaierai cependant. Il me conta donc qu'il y a deux mois environ, comme il arrivait à Paris, Dick fit la connaissance d'une charmante petite guenon. Dick très réservé jusque-là, avec le sexe, se conduisit, vis-à-vis de sa belle, comme un hussard dans une ville conquise. Il s'en fourra ! — Bon, fit Marcel, encore un avis qu'il me donne ! Et tout de suite il en profita. Il rompit net son vœu comme un moine qui se défroque. A chaque faute de Dick il répondait par une faute pareille ! Et ce que ça leur donnait d'appétit à tous deux ! Grâce à cette nouvelle médicamentation, la santé de Marcel est aujourd'hui parfaite. Tant il est vrai que ce remède est encore le meilleur qu'on ait inventé à tous nos maux !...

— Vous avez raison Jacques, fit gravement la commandante.

— Et elle ajouta, un instant après, en soupirant :
— Je me sens un peu souffrante aujourd'hui.

LE POIRIER

LE POIRIER

I

Il y avait grand vacarme, ce soir-là, dans la maisonnette de Jean Mahu, le colporteur, qui, à son retour dans ses foyers, après dix mois de voyage, y trouvait sa femme enceinte outrageusement :

— C'est la huitième fois que cela arrive ! criait-il, et je suis las de nourrir un tas de bâtards que je n'ai pas faits.

Madeleine feignait un désespoir profond de se voir injustement soupçonnée.

— Ah ! mon ami ! gémissait-elle, est-il possible

que vous écoutiez ainsi tous les cancans des voisins!

— Il n'y a pas de cancans là-dedans, madame! continuait Jean, et vous ne me ferez jamais accroire que vous portiez plus de neuf mois. Les grandes dames, elles-mêmes, ne se permettent pas cela.

— Cependant, mon ami, je vous jure...

— Coquine! misérable! croyez-vous que je vais me donner tant de peine pour tous ces crapauds qui ne me sont rien!

Et la main levée, il fit sortir sa femme de sa chambre, en la suivant et en continuant à l'injurier. Pendant ce temps une tripotée de marmots de tous les âges hurlait et, dans un coin, une belle servante blonde, la Jeanne comme on l'appelait, riait comme une folle, les mains sur son ventre dont les flux et reflux désordonnés faisaient danser son tablier de toile, comme une voile que le vent secoue.

Bientôt le couple en querelle rentrait par une autre porte en poursuivant son échange d'invectives. Mais les rôles étaient changés. Madeleine, lasse d'implorer et de se défendre, avait pris le parti, comme font souvent les femmes, de beugler plus fort que son mari. Ne niant plus, cynique, révoltée, elle lui criait au visage:

— Cocu! cocu! cocu!

Exaspéré, le colporteur jeta un sac de cuir sur son dos et fit mine de repartir. Mais plus prompte que l'éclair, sa femme avait sauté sur la porte, fermé deux tours et pris la clef. Jean Mahu était enfermé chez lui. Il sauta par la fenêtre et se trouva dans son jardin. Mais pas d'issue sur ce dehors! Un mur trop haut pour y grimper tout seul! Il était bien résolu cependant à fuir pour jamais cet enfer, cette maison de malheur dont il ne pouvait sortir sans y retrouver un accroissement de progéniture. Une chandelle à la main et suivie de la Jeanne, également munie d'une lumière, sa femme le cherchait dans l'ombre subitement descendue et qui mêlait les allées aux gazons dans une même teinte obscure. Bien décidé à ne se pas laisser appréhender à nouveau, il prit une résolution héroïque; il grimpa dans un grand poirier qui était l'arbre le plus considérable et le plus touffu de sa petite propriété. Il s'y blottit dans les feuillages, avec le parti-pris d'y demeurer jusqu'à ce qu'il eût dépisté les recherches de son épouse, quitte à méditer ensuite un nouveau projet d'évasion.

En effet, Madeleine, sûre que son martyr n'avait pu s'échapper, se lassa vite de le poursuivre et rentra tranquillement se coucher, en disant :

— Tant pis pour toi, vieille bête! Tu dormiras à la belle étoile.

Il y a, tout de même des femmes qui rendent la vie bien charmante aux hommes, n'est-ce pas?

II

Les deux pieds sur une grosse branche, le dos accoté contre une autre, debout dans le petit frémissement de feuilles que le vent du soir faisait passer dans le poirier, Jean Mahu réfléchissait à sa destinée misérable et aux iniquités du Code à l'endroit des maris de femmes infidèles. La recherche de la paternité était interdite contre les amants. Contre les maris elle était même inutile, puisqu'ils étaient réputés pères *à priori*. Voilà, n'est-ce pas? une belle prime accordée à cette institution salutaire du mariage qui passe pour un des fondements de la société, laquelle en a plusieurs comme Janus avait plusieurs visages! Pouvait-on rien imaginer de plus sot et de plus ridicule que cette législation qui accable l'époux légitime et protège les larrons d'honneur dans les familles! Oh! mais il en avait assez de vivre sous ce régime absurde et d'alimenter un tas de petits rastaquouères qui ne lui étaient rien! Il s'en irait au diable, plantant là femme et marmaille et laissant bel et bien crever de faim tout ce joli monde! Toujours en route, on aurait beau jeu à lancer des huissiers à ses trousses, voire des jugements le condamnant à des pensions alimentaires! Il se moquait pas mal de tous ces gens-là.

Et, comme il était bon, au fond, le pauvre homme pleurait de douleur et de rage de se voir induit, par les cruautés du sort, en de si féroces résolutions. Cependant, il n'y avait pas à dire. Il était ridicule, s'il ne se dérobait pas!

Comme il pensait ainsi mélancoliquement, la lune se leva, une lune en son plein, lancée comme un disque par une main invisible, dans la profondeur azurée du ciel nocturne. On eût pu dire aussi un cratère d'argent s'ouvrant dans l'épaisseur montueuse des nuées, ou encore un œil dont la paupière obscure s'était soudain soulevée, un œil fait de lumière comme celui des chats et des hiboux. Ce fut comme une nappe blanche qui s'étendit sur la erre, sans doute pour le repas des farfadets et autres esprits mystérieux qui ne sortent que quand le soleil est bien loin derrière l'horizon qui ne saigne plus, êtres fantastiques, redoutables et charmants qui rouvrent, d'un baiser, les calices fermés des volubilis pour y boire la saveur des premières rosées; qui, pinçant les longues herbes comme des cordes de guitare, en tirent les musiques saisissables à peine qui sont le silence menteur de l'ombre; qui, dansant sur les fleurs sans même ployer leur tige, ne sont peut-être que des âmes de papillons errantes dans l'infini parfumé.

Mais le pauvre Jean Mahu n'était pas au lyrisme de ce spectacle merveilleux et, tout au plus, pensait-il que les étoiles aux yeux clignotants qui le regardaient entre leurs cils d'or, se moquaient aussi de lui.

Tout à coup, derrière le mur qui clôturait le jardin, il entendit des pas et des voix. Un homme en aidait un autre à escalader le modeste rempart. L'autre sautait légèrement et se trouvait rapidement dans la place.

— C'est un voleur ou un des amants de ma femme! se dit le colporteur.

Vous allez voir comme il se trompait !

III

Le nouveau venu était un gars superbe, de vingt ans environ, et s'appelait Pierre. Il était bien connu dans le pays et tout le monde savait qu'il allait partir, dans quelques jours, pour joindre son régiment. Car il n'était pas de ceux que les bons hommes de la revision rendent à leurs familles. C'était, vous dis-je, un *homme* fort bien bâti, avec une jolie figure d'ailleurs, que le colporteur, juché dans son poirier, ne pouvait juger. Bref, je n'aurais pas souhaité mieux à cette héroïque pondeuse de madame Mahu, mais la vérité était qu'il ne venait pas pour elle.

Quelques instants, en effet, après son escapade, la Jeanne descendait furtivement de la maison et, pieds nus, pour faire moins de bruit sur le sable, elle venait au devant du futur militaire avec un beau sourire et des yeux caressants où semblaient se mirer les étoiles, lesquelles sont impitoyables aux maris trompés, mais tout à fait clémentes et douces aux amoureux. Je dois convenir que la jeune paysanne était charmante dans le demi déshabillé qui convenait à un rendez-vous donné à cette heure mystérieuse. Les reflets de la lune embroussaillaient encore davantage ses cheveux et les frisaient comme des écheveaux embrouillés par une main maladroite. Le vent léger y passait avec un frisson et les ridait, comme l'eau d'un fleuve, d'imperceptibles lumières. Sa chemise de toile grossière était, du moins, largement ouverte et laissait voir, avec deux épaules d'un dessin juvénile et savoureux, deux collines légèrement dorées, la naissance d'une gorge de pucelle impertinente et immaculée. Rien qu'un jupon avec cela mais qui, lui aussi, trahissait de charmants et essentiels détails, de belles hanches ebondies qui renflaient intérieurement la lourde étoffe de laine à la faire craquer, de robustes cuisses que chaque mouvement dessinait... Que vous dirai-je encore? Vous connaissez mes faiblesses pour le callipyge. Elle était selon cet errement de mes yeux et de mon cœur. O lune, lune insensible qui toujours assise sur le coussin moelleux des nuées, contemplais cette idyllique rencontre sous la poétique clarté, lune à qui je n'ai jamais fait de trou; parce que je suis un homme naïf et bébête qui ne ferais pas même de mal à un astre, souris, je t'en conjure, à ta terrestre sœur! *Arcades ambo!* J'ajouterai pour la dernière seulement : *cautare periti*.

Quand la Jeanne fut tout près de Pierre, celui-ci, qui la regardait venir avec une admiration douce et silencieuse, la prit dans ses bras, et, de trois baisers qu'il lui donna, sut en placer un fort bien entre les deux joues. Je crois bien même que la Jeanne lui rendit un peu celui-là. Après quoi le jeune homme prit la jeune fille par la taille et la mena, bien doucement, s'asseoir au pied même du poirier où Jean Mahu était toujours perché comme un oiseau, ne faisant aucun bruit pour que l'éveil de sa présence ne fût donné à sa femme.

— Sapristi! pensa le pauvre homme, il ne manquait plus que cela.

IV

Et de quoi te plains-tu, bélître?
Quel délassement plus charmant à ta solitude

aérienne pouvait être proposé que le spectacle de ces amours champêtres, sincères, honnêtes sous la sérénité complaisante du ciel? Si cela te dégoûte, mon ami, regarde sur l'herbe où les vers luisants allument des girandoles phosphorées, les farfadets achever leur repas et prendre, comme de purs Yankees, des scherry-cobler avec les menues pailles qui montent des gazons, ou encore savourent des mokas symboliques dans de petites clochettes renversées. Moi, je ne suis ni si difficile, ni si bégueule, mais je suis prudent et je ne veux pas me faire faire un bon procès pour avoir le plaisir de vous conter tout ce que j'ai vu. D'autant que si vous ne le devinez, vous êtes bons à renvoyer à l'école où les manuels Compayré achèveront de vous rendre imbéciles. Je vous ai dit que la Jeanne était encore sage. Oui, mais Pierre allait partir! Fallait-il donc attendre qu'il ne fût plus là pour regretter, éternellement peut-être, un bonheur désormais impossible? Le jeune gars fut persuasif et la jeune fille ne demandait qu'à succomber, et tout leur était excuse dans le voluptueux décor que développait autour d'eux la clémence corruptrice et perverse de la nature. Cette nuit roulait tant de parfums dans le souffle de ses ailes! Une harmonie si douce montait de l'invisible orchestre des choses... Ce que cela dura?... Il est des secondes qui valent des éternités.

— Perlipopette! quel gaillard! pensait M. Mahu sur son perchoir.

Des larmes! maintenant! oui, des larmes. La Jeanne se lamente et pleure son péché. Ah! comme elle a été sotte et trop bonne! Pierre qui, lui, n'a aucun chagrin, la console de son mieux. Mais Jeanne est inquiète et pleine de remords. Si l'on savait jamais dans le pays! Pierre, qui serait, au fond, assez flatté qu'on le sût, la rassure avec des banalités dites d'un accent chaud et convaincu.

— Mais enfin, dit la malheureuse, tu pars demain!... et si, de ma faute, résultait un fruit... qui le nourrirait?

Pierre, qui était un garçon religieux dans le fond, n'hésita pas à lever le doigt en l'air dans la direction du ciel et du poirier, en lui disant d'une voix pathétique et solennelle :

— Celui qui est là-haut!

Tous deux faillirent tomber à la renverse, en entendant descendre ces mots du firmament ou du poirier, ces mots irrités et vibrants :

— Ah! fichtre, non!

L'INDISCRET

L'INDISCRET

I

Une admirable matinée d'été dans le beau pays de Bretagne, pas bien loin de la côte où, par les belles années, les camélias fleurissent en plein vent. L'air salé de la mer mettait comme une saveur dans les fraîcheurs de l'aurore qui se respiraient mêlées aux parfums pénétrants de mille plantes sauvages. On ne voyait pas la mer, mais sa respiration lointaine vibrait, dans un innombrable écho, comme la clameur confuse d'une foule qui vient et s'en va. Comme d'un immense berceau, comme d'un magnifique berceau de roi dont les vapeurs flottaient à l'horizon, figuraient les dentelles, un soleil se levait, sans rayons encore, comme les enfants naissent sans cheveux, mais enveloppé d'une façon de duvet d'or que sa lumière amassait dans la profondeur transparente des nuées. Les genêts semblaient, le long des chemins, de petites constellations qui, surprises par le jour, n'avaient pu regagner le zénith et étaient retombées sur la terre. Tout était enchantement dans ce réveil de la Nature que le clairon de l'alouette annonçait aux quatre coins du ciel, pareil à un chant de victoire qu'emplissait l'*hosannah* de la clarté triomphante.

— Méchante ! dit Lohic à Yvonne.

— Pourquoi méchante ? répondit Yvonne à Lohic.

— Ah ! tu le sais bien !

— C'est ça, tu aurais voulu flâner au lit une heure encore.

— Oh ! flâner !

— Non ! monsieur ; nous serions arrivés à la ville après la première heure du marché et nous n'aurions plus vendu qu'aux pauvres diables qui attendent les rebuts des autres acheteurs pour les payer moins cher.

— Ah ! si tu l'avais voulu !...

Lohic poussa un gros soupir et, en même temps, la roue de la voiture où trônait sa jeune femme parmi une variété étonnante de légumes fraîchement coupés et que traînait un petit âne fort en peine de gravir, sans secours, un raidillon prononcé et pierreux.

II

Au fait, conviendrait-il peut-être de vous faire faire connaissance avec Yvonne et Lohic. Ils avaient quelques mois de mariage à peine, mais ils s'aimaient depuis longtemps et s'étaient jusque-là contentés de se le dire, elle sage et lui patient, honnêtes natures tous les deux et cœurs simples à qui il avait fallu la sanction du sacrement. Ah! Lohic avait traversé plus de tentations que saint Antoine lui-même pendant le long prologue de son bonheur définitif et je dois ajouter qu'Yvonne avait été quelquefois sur le point de faillir. Enfin ils étaient l'un à l'autre, légitimement, sous l'œil tranquille de Dieu et le consentement des hommes! Le pauvre garçon se trouvait si heureux qu'il eût voulu faire une lune de miel sans éclipses même diurnes. Mais la vaillante fille était bonne ménagère et n'entendait pas que le travail dont tous devaient vivre chômat. Aussi se disputaient-ils quelquefois, mais comme vous avez vu tout à l'heure, sans amertume et avec de simples bouderies d'enfants gâtés. J'admire profondément la prudence d'Yvonne, mais je conçois joliment aussi les impatiences de Lohic. Car c'était une exquise personne que cette jeune épouse aux cheveux blonds comme une coulée de miel, aux yeux bleus et profonds comme si la mer s'y fût concentrée en deux gouttes d'infini, transparentes et lumineuses. Telles certaines pierreries semblent les débris d'un océan jadis surpris par les glaces éternelles. Et ce n'était pas seulement de visage qu'elle était charmante, avec sa bouche charnue comme une grosse fraise et son menton blanc qu'une fossette mignonne traversait comme un vol d'hirondelle. Le reste de son individu était digne de ce beau frontispice et c'était assurément un livre admirable à feuilleter que le recueil de ses charmes dodus, appétissants à l'envi, faits de rondeurs savoureuses, attirants et tentants, faits pour l'unique joie de son mari et le désespoir des galants. Ah! qu'oui je comprends bien ce qui se passait dans l'âme de Lohic, tandis que tout en aidant son bourriquet à gravir la petite côte, il prenait sa part du poids charmant et alangui de ce beau corps doucement étendu sur les verdures bariolées de jaune et de rouge, verdures comestibles, mais, en attendant, composant un divan pittoresque et agréable à la belle nonchalante dont le souffle, tout voisin de ses propres narines, le grisait d'une saoulerie très douce et pleine de désirs.

III

Comme on arrivait le long d'un petit bois dont les cimes étaient estompées d'une poussière rouge par les obliques rayons du soleil levant, Lohic tira à lui la bride du baudet avec une autorité inattendue.

— Si tu descendais un instant, dit-il tendrement à Yvonne.

— Pourquoi faire, mon ami?

— Oh! qu't'es bête! ne put-il s'empêcher de dire.

Elle devint toute rouge, et ne reprit, qu'un instant après :

— Y penses-tu ?

— Je ne pense qu'à ça, conclut-il avec infiniment de franchise.

Alors une terreur soudaine se peignit dans les yeux de la jeune femme qu'un rêve fugitif avait un instant alanguis et comme mouillés.

— Et si le baron passait par là ! fit-elle en joignant ses deux mains sur son tablier tout humide de rosée.

— Eh bien ! qu'il y passe ! reprit Lohic avec un aplomb désespéré. Nous sommes mariés !

Elle le regarda avec étonnement et murmura :

— Tu es fou !

Té ! si je vous disais maintenant ce qu'était ce tant redoutable baron dont la seule pensée avait mis la pauvre Yvonne dans cet état ? Une vieille bête, de grande race, mais très vieille et très bête, une façon de hobereau, de gentilhomme insupportable et portant, sur une tête d'oison, un invisible cimier où se seraient lues les armes de l'illustre famille du Kunh-Avran. Oui, messieurs, un Kuhn-Avran authentique, et le dernier grain de ce chapelet de chevaliers et d'hommes d'armes fameux dont quelques-uns étaient revenus des Croisades moisis de gale ou méchamment châtrés par les Sarrasins. Ce birbe invraisemblable était la peur vivante de tous les amoureux du pays. Bien que les Sarrasins ne lui eussent, à lui, rien volé du tout, il avait des façons de sauvegarder la morale qui ressemblaient à celles dont on garde les sérails. Et notez que personne ne l'avait prié de faire sentinelle autour de la vertu des jeunes filles. Pure vocation de gêneur et de promeneur curieux, méprisable délassement d'un désœuvré, instinct de mouchard que je ne saurais trop blâmer chez un descendant des héroïques compagnons de Saint-Louis. Oui, ce macrobien lamentable passait tout son temps à poursuivre la jeunesse dans ses plus légitimes ébats, grand chasseur de scandales, toujours le nez au vent des amourettes d'autrui, arpentant la lande et fouillant la bruyère, toujours quelque bel et ironique sermon aux lèvres pour conquérir les cœurs au culte austère de la chasteté. Eh ! mon Dieu, de quoi se mêle le grand âge ! Il lui fait bon prêcher aux autres une continence qui lui coûte, à lui, si peu !

Vous savez maintenant la dominante raison de la résistance d'Yvonne aux insinuations cependant aimables de Lohic.

IV

Il faut bien croire cependant que cette résistance avait fléchi. Car le petit âne, toujours attelé, broute voluptueusement un chardon à la lisière du petit bois et la voiture, soulagée du poids notable d'Yvonne, ne contient plus que sa charge végétale un peu bossuée et foulée çà et là pour ce qu'elle avait servi de canapé à la grassouillette épouse de Lohic.

Très épais le petit bois et nous en profiterons, s'il vous plaît, pour n'y pas entrer. Non ! non ! vous n'y entrerez pas ! Pourquoi profaner le mystère de ce que nos aïeux appelaient : « le bocage » quand la nature bienveillante, *alma parens!* l'a si doucement enveloppé d'une ombre où viennent mourir, comme des étoiles filantes dans la nuit, les flèches émoussées du soleil ? D'ailleurs, j'aime autant vous le dire tout de suite, que ce ne serait pas convenable. Et puis enfin, ma prétention est de vous raconter une histoire très honnête, parfaitement naïve où les raffinés de galanterie ne trouveraient certainement pas leur compte. J'écris pour les gens simples et qui aiment à rire seulement. Vous savez bien d'ailleurs, qu'en cherchant cet asile de verdure, Lohic n'avait nullement l'intention d'y cueillir des noisettes, par l'excellente raison d'abord qu'il n'y en avait pas en cette saison. Regardez le bel amas de frondaisons ensoleillées au dehors, sombres et obscures au dedans ; arrêtez-vous tant qu'il vous plaira au seuil de ce temple de feuillages frémissants sous les souffles parfumés du matin. Mais ne m'en demandez pas davantage. Je suis un pudique garçon.

Par exemple, écoutez si vous voulez. C'est votre droit.

— Qu'est-ce que vous faites là ? fait une voix tonnante et irritée, menaçante et terrible, caverneuse et effroyable, — celle du baron de Kuhn-Avran, — et qui sort du plus profond du taillis.

Celle de Lohic, lui répond :

— Ma foi ! je ne sais pas si c'est un garçon ou une fille ; mais, si vous voulez repasser dans un an, je vous le dirai !

Excusez le badinage.

PLEIN AIR

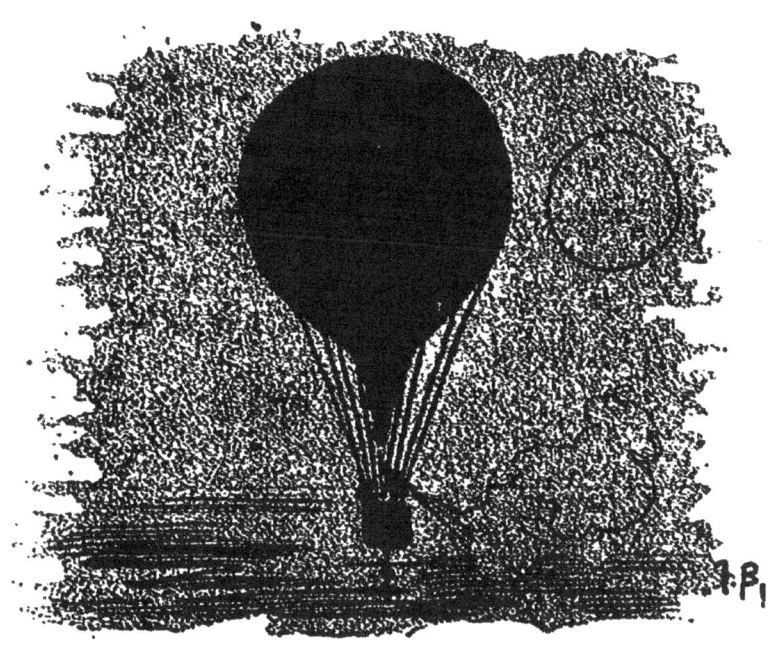

PLEIN AIR

I

Le canon s'est tu.

L'orage a cessé de gronder dans l'héroïque culotte du robuste fils de Fouan. Les trompettes du jugement dernier elle-même se sont tues devant ce grand événement : la fin de la *Terre*. Comme Jean Bart, après une victoire, Zola s'est assis, pour prendre un peu de repos, sur son baril de poudre vide.

Le canon s'est tu. Réveille-toi donc, ma musette, humble pipeau que je faisais chanter quelquefois, harpe éolienne que je pendais aux saules de mes rêveries, musiquette de chambre que les raffinés de bon goût me reprochaient, mais qui leur semblera, j'en suis certain maintenant, innocente comme le premier sourire d'un nouveau-né. Réveillez-vous, souffles légers, gloriole des jupes de mes héroïnes. Haleines que j'aimais à mêler à celles des fleurs. Réveillez-vous ! Après les colères sonores d'Eole, la chanson du Zéphir est douce ; réveillez-vous, le canon s'est tu !

Ce petit préambule à l'histoire que je commence est tout simplement un acte d'honnêteté. Je devais prévenir mon monde. Je ne tends, en effet, qu'une modeste tabatière aux priseurs qui, depuis plus de deux mois, se bourraient le nez à plein tonneau. La prise leur paraîtra mince peut-être. Mais ils me pardonneront en faveur du parfum. Et je dois d'autres préliminaires encore à ceux qui me voudraient accuser, par la suite, d'avoir raillé de scientifiques travaux que personne n'admire plus que moi. Car je t'envie, mon cher Arène, comme à Maupassant, vos beaux voyages aériens au pays des étoiles que j'ai chanté sans le connaître. Un jour ou l'autre, l'un de vous deux me prêtera, je l'espère, le triple airain de sa ceinture et, moi aussi, je fuirai le dégoûtant séjour où la politique sévit et dont je ne regretterai que mes roses et les femmes d'autrui. Comme vous je suivrai quelque audacieux Jovis, je me baignerai dans l'humidité profonde des nues, j'irai tirer mon chapeau au Zénith embrasé et je crierai mon nom avec les vôtres, à l'espace qui les gardera peut-être plus précieusement que le temps.

En voilà assez pour bien établir qu'aucune idée de moquerie n'est au fond du conte assez fantaisiste, d'ailleurs, à qui je fais ce long à-propos.

II

D'abord, nous sommes en Hollande. Les Hollandais ne nous contrefont pas, mais volontiers nous imitent-ils par une sympathie que nous n'avons guère méritée, s'il faut en croire leur histoire et la nôtre, mais qui n'en est que plus touchante pour cela. C'est ainsi, qu'il y a quelques années, je vis défiler à La Haye un régiment d'infanterie absolument costumé comme les soldats de notre Charlet. J'en eus les larmes aux yeux. Il me semblait que la grande épopée se réveillait autour de moi. Oui, nous sommes en Hollande, et le savant physicien Van den Truff est en train d'expliquer à ses deux amis le peintre Van den Pipp et l'apothicaire Van den Proutt, comment il va tenter une ascension bien autrement féconde en résultats précis que tout ce qu'ont essayé les aéronautes français, à qui cependant il rend justice. Il est sûr de monter à onze mille mètres, distance à laquelle la respiration humaine devient un mythe et qu'on ne saurait même atteindre que muni d'appareils ingénieux dont lui seul possède le secret, Il a d'excellentes raisons de croire qu'à cette hauteur et avec ses instruments d'optique, dont lui seul aussi sait la puissance, on peut se rendre compte du physique des astres et de leur physionomie sur laquelle les astronomes ne nous ont donné que d'insignifiants détails. Car ce n'est rien que de connaître le volume d'une personne, quand on ne sait rien de sa structure et des traits de son visage. Moi-même qui autrefois aurais pris volontiers mes maîtresses au poids, je jetais toujours cependant un regard négligent sur leur figure.

— Je vous accompagnerai, Guillaume, fit le peintre Van den Pipp. Je ferai le portrait d'une étoile.

— Et moi aussi, fit l'apothicaire Vand den Proutt.

— Pourquoi vous, Casimir? reprit Van den Pipp avec une pointe d'ironie jalouse. Vous n'espérez pas donner un lavement à un astre.

— Si, Casimir, tu nous accompagneras tous deux, reprit avec une bonté paternelle l'excellent physicien Van den Truff. Ce n'est pas les constellations mais nous peut-être qui aurons besoin de ton ministère, car, s'il en faut croire Pilâtre de Rozier, les cimes aériennes ont de constipantes vertus qui en interdisent le sejour aux personnes de nature mélancolique.

— Quand partons-nous? fit l'impatient Van den Pipp, que je taille mes crayons.

— Demain, fit mystérieusement le physicien Van den Truff. Dans la plus grande cour du laboratoire Royal, mon ballon est prêt et n'attend plus que d'être gonflé, mon superbe ballon Bitter, que j'ai ainsi nommé, pour faire honneur à un des meilleurs produits de mon pays.

III

L'énorme globe aux flancs gonflés d'hydrogène tirait sur les cordes dont le grincement semblait railler sa captivité. Un oiseau prisonnier dans un filet n'est pas plus impatient de l'air libre où se rouvriront ses ailes. L'Académie des sciences de La Haye est là tout entière et un public élu se presse autour du monstre qui va s'élever dans ce charmant azur teinté de gris clair des cieux hollandais qui est l'émerveillement des artistes. Van den Truff, Van den Pipp et Van den Proutt sont montés dans la nacelle, ce dernier un peu plus lourdement que ses compagnons. Non pas qu'il fût le plus gros. Au contraire. Mais parce qu'il s'était imprudemment gonflé de haricots soissonnais dont un de ses amis de France lui avait fait l'envoi et qu'il aimait à la folie.

Un grand cri retentit et, les câbles étant rompus, nos trois amis s'élevèrent aux applaudissements de la foule, entraînés par l'énorme boule dont les trépidations, très sensibles au départ, s'amortirent bien vite dans l'uniforme spectacle d'un départ majestueux. Rapidement la masse s'amincit, et ce ne fut bientôt plus qu'une larme dans l'œil bleu du firmament.

— J'aime mieux être à ma place qu'à la leur, murmura philosophiquement le doyen de l'Académie.

— Il se serait déjà embarrassé le front dans quelque nuage, fit tout bas un de ses confrères à son voisin. Car tous deux aimaient à plaisanter le bon doyen sur ce qu'il était fort cocu. Et notez que tous les deux l'étaient autant que lui.

Bientôt le populaire se dispersa, en devisant sur l'audace du voyage et en discutant le point de l'ancien continent où vraisemblablement le sens des vents dirigerait les voyageurs. Ceux-ci opinaient pour la Suède et ceux-là pour l'Espagne. Les dames, en pensant qu'ils pourraient bien descendre dans l'Océan, faisaient un petit brrrr de terreur, du bout des lèvres, en s'emmitouflant dans le col de leurs pelisses, comme font les tourterelles quand elles ont froid.

IV

Van den Truff n'avait pas menti. Avec ses prodigieux télescopes, bientôt les astres lui apparurent, à lui et à ses compagnons, — car la nuit était vite venue, — tels que tous les gens sensés les supposent, avec une expression personnelle, une physionomie, comme il avait si bien dit. Ceux-ci avaient l'air maussade, et ceux-là tout à fait joyeux. Saturne faisait un nez très long, qui lui donnait un air de famille vague avec Ambroise Thomas; Mercure ressemblait très fidèlement aux portraits qui nous montrent Desgrieux à la première page de *Manon Lescaut*. Ils apparurent distinctement, plusieurs auteurs contemporains, dans la grande et la petite Ourse; s'ils avaient su celle que j'aime, ils l'auraient certainement reconnue dans Vénus. Et la lune, donc ? Je ne vous dirai pas qui était comme la lune.

On était arrivé aux onze mille mètres prédits.

— Demeurons là immobiles, fit le savant Van den Truff. Dans cette région, tous les souffles s'éteignent. Nous pouvons planer comme l'oiseau de proie. Mais il faut des précautions absolues. Que personne de vous deux ne perde un seul milligramme de lest! Je vous dis : un seul milligramme! nous serions perdus!

Le peintre Van den Pipp tailla son crayon en ayant grand soin qu'aucun petit morceau de mine de plomb ou de bois ne tombât en dehors de la nacelle. Puis il commença le portrait de Jupiter, qu'on eût pu prendre pour celui d'Arsène Houssaye. Pendant ce temps Van den Truff commença la rédaction de son rapport sur les principaux événements de l'ascension.

Et Van den Proutt?

Van den Proutt ne disait rien et ne semblait pas en faire davantage. Tout à coup le ballon eut un léger soubresaut et monta de deux ou trois centimètres.

— Fichtre! dit van den Truff.

— Diable! dit Van den Pipp dont la main avait fait un faux trait sur son dessin.

— Ouf! murmura Van den Proutt, en ne pouvant dissimuler une certaine expression de soulagement.

Van den Pipp et Van den Truff se remirent à leur besogne. Quelques secondes, puis un nouveau sursaut de l'aérostat et quelques mètres d'ascension dans l'espace.

— Sapristi ! dit Van den Truff.

— Nom de nom! fit Van den Pipp.

— Ouf! fit plus bas Van den Proutt avec un sourire de délivrance mal réprimé.

Van den Pipp et Van den Truff étaient découragés. Tout à coup Van den Proutt se mit les deux mains sur le ventre et commença une musique filante, soissonnaise et tout à fait riche en tons mineurs. En même temps le ballon prit follement sa course dans l'espace. Il monta, monta, monta si haut qu'il s'accrocha, dit-on, au nez de Saturne. Le fait certain, c'est qu'il ne descendit ni en Suède, ni en Espagne, ni dans aucun autre pays connu. C'est ce qui fait que nous n'aurons jamais ni le beau mémoire de Van den Truff, ni le portrait de Jupiter par Van den Pipp. Contentons-nous, pour nous consoler, de celui de la lune qui est un peu partout.

SAYA

SAYA

I

Eh ! parbleu ! c'est samedi dernier que se passa la chose. Vous vous rappelez quelle admirable journée d'été agonisant, avec des tiédeurs caressantes dans l'air, comme un adieu de la chaleur et de la lumière. Le beau temps pour fuir Paris et s'en aller vers les ombrages de Marly, aussi verdoyants qu'aux jours triomphants dont le déclin nous emplit de mélancolie ! C'est ce que nous aurions fait, ma chère, si nos destins n'étaient sans cesse contrariés. Mais d'autres que nous n'étaient pas moins prisonniers de la grande ville. Témoin tout ce bon populaire qui, assoiffé cependant d'un peu de nature, emplissait le bois de Boulogne et se pressait au Jardin d'Acclimatation. Le samedi, c'est le jour des mariages. Cela se comprenait au temps où toutes les bonnes gens chômaient le dimanche. Merveilleux ces défilés bourgeois de gens en toilette, merveilleux et attristants. Combien seront heureuses vraiment de ces pauvres péronnelles, orangers vivants que promènent des carrosses de louage, et que suivent des godelureaux moqueurs et de vieux parents médisants ! J'ai souvent pris grand plaisir à la conversation de ces proches repus de truite saumonée et de ces futurs galants de la demoiselle à qui un grand dadais donne le bras. Mon ami Jacques aussi et il ne manque jamais de se mêler à ces familles et, au besoin, d'échanger quelques propos grivois avec elles. Car en nulle autre occasion que celle des hymens, on ne dit autant de petites malpropretés. Il était donc là le jour que je vous dis, et avec lui nos vieux amis, le ménage Laripète et l'amiral Le Kelpudubec. En effet je demeure fidèle à mes anciennes connaissances et je sais qu'une bonne partie de mes lecteurs ordinaires est comme moi. Je leur en veux donc donner des nouvelles. L'ex-commandant, depuis les belles expériences pastoriennes que je vous ai récemment contées, fait de son mieux pour ne plus ressembler à un vieux militaire, mais bien à un savant en us. Il a coupé sa folle barbiche blanche, laissé pousser des favoris et pose sur ses yeux toujours excellents, d'ailleurs, des lunettes légèrement teintées de vert pâle. La commandante est encore agréable, si vous m'en voulez croire, surtout depuis qu'elle porte crânement ses cheveux au naturel, traversés çà et là de fils d'argent, mais longs, épaix et soyeux à l'envi. Et puis son beau regard et son sourire attirant disent bien que tout n'est pas mort encore en elle. Il y a des promesses encore sur sa bouche et dans ses yeux.

On a toujours vingt ans dans quelque coin du cœur,

dit un vers célèbre dont je ne suis cependant pas l'auteur. Ce coin du cœur de madame Laripète est adorablement capitonné. Je crois même que c'est celui à qui ses jupes servent de corsage. Elle a une façon de vous regarder les jolis garçons ! Quant à Le Kelpudubec, plus efflanqué que jamais, plus que jamais il ressemble à un casse-noisette dont les deux tiges flotteraient dans les jambes d'un pantalon. Et grincheux !... Décidément, l'homme est immuable. C'est ce qui lui a fait dire à lui-même qu'il était fait à l'image de Dieu.

II

Tous trois, au débarqué du tramway microscopique qui fait la joie des fillettes de seize ans, s'étaient arrêtés devant les nouveaux sauvages qui ont pris la succession des Cinghalais. Car il n'est plus de peuplade sauvage qui ne tienne à nous envoyer annuellement une députation de guerriers demandant des sous aux passants. Cela diminue d'autant la mendicité dans le pays et y soulage les bureaux de bienfaisance. Ceux d'aujourd'hui s'appellent, comme vous le savez, Achantis; ils sont noirs, tirent de l'arc et dansent les uns devant les autres en feignant de se vouloir couper le nez. Je recommande aux ballerins à la mode cette nouvelle figure du cotillon. Toutes les feuilles publiques nous ont édifié sur les mœurs barbares de ces Africains qui, chez nous, il faut le reconnaître, font de grandes concessions aux progrès de la civilisation. Ainsi se contentent-ils de fouiller dans leur propre nez au lieu de fouiller dans les entrailles de leurs victimes, ce qui indique un adoucissement sérieux des mœurs. J'imagine qu'en revenant chez eux ils se mettront à la hauteur de nos institutions philanthropiques et douces, auront deux Chambres, comme les peuples qui se respectent et les époux qui se détestent, installeront même des combats de coqs, comme il est question de nous en offrir. Aussi leur voyage aura-t-il profité à l'amélioration d'une race sympathique par son courage. Jacques, les Laripète et Le Kelpudubec avaient pu gagner le treillage qui constitue comme les fauteuils d'orchestre de ce spectacle en plein vent et d'où l'on est le plus près possible de ses bruyants acteurs. Ceux-ci défilaient en frôlant cette bordure de bois en sollicitant la générosité de leur hôtes quand un de ces jeunes sauvages fixa l'attention de l'amiral par une parure qu'il portait au cou et qui mettait un frisson de lumière sur l'uniformité mate de sa peau couleur d'olive rancie. Cette parure consistait en un collier de petites perles de verre et au centre une dent humaine aux racines en fourche et démesurément longue, une dent au centre de laquelle brillait un point jaune métallique et éclatant. Le Kelpudubec fit signe au nègre de s'approcher davantage. Passant ses doigts entre les barres de bois, il toucha et contempla de près l'amulette. Puis, avec une émotion visible, il demanda par signes à celui qui la portait d'où lui venait cette relique, et celui-ci, par une pantomime tout à fait respectueuse et solennelle, lui exprima qu'il la tenait de son vieux père. L'amiral fit tout bas : c'est cela ! Puis entraînant les Laripète et Jacques tout surpris, il les mena s'asseoir auprès de lui sur un banc;

— Mes amis, leur dit-il, le poids des souvenirs m'oppresse et me brise le cœur. Soyez, sans plus tarder, les confidents d'un des plus douloureux secrets de ma vie. Ce jeune homme est sans doute mon fils !

— Ah! ça, vous en avez donc partout! ne put s'empêcher de s'écrier la commandante.

— Oui, madame, à peu près, répondit le vieux loup de mer avec une majesté solennelle. Et je m'en flatte. Oui, j'ai été un grand pécheur en amour et je le dis très haut. Car je ne me soucie nullement de mériter, dans mes vieux jours, le surnom, — acceptable pour une partie du monde, mais ridicule pour un homme — d'Ancien continent !

III

— C'était, poursuivit l'amiral, sans qu'on le lui eût demandé le moins du monde, — mais c'était pour lui-même qu'il racontait ses propres histoires,

— c'était, dis-je, pendant ma mission dans les peuples les plus antropophages de l'Afrique. Le ministère me les choisissait comme ça dans l'espoir que je serais dévoré et qu'il serait débarrassé de moi. Mais j'ai la chair dure. J'étais simple capitaine de vaisseau alors et il a bien fallu qu'on me donnât tout de même, ensuite, de l'avancement. C'est ça qui les faisait enrager ! Oui, commandante, j'étais précisément à Kokofou, une des principales villes de ces Achantis que vous regardiez tout à l'heure. J'y faisais cocu le célèbre Koaku, dentiste du roi (ce qui prouve que dans ce pays là, l'*A* n'est pas, comme en grec, privatif de quoi que ce soit) et, de plus, j'étais amoureux, amoureux fou de la princesse Nannsi, fille de ce roi qui se nommait Kakakiri et était, ma foi, un fort aimable souverain. Vous voyez que je ne perdais pas mon temps. La femme de cet arracheur de dents royales était une personne charmante dont les seins ne descendaient guère au-dessous du nombril, ce qui est une beauté remarquable dans ce pays. Aussi l'avais-je surnommée Néné-de-Bronze, bien que son vrai nom fût Saya. Ses cheveux naturellement crépelés hérissaient son front étroit d'une forêt de tire-bouchons qui l'eût rendue précieuse dans un restaurant de banlieue. Elle avait, de plus, un fort gros pétard dont les oscillations jumelles et savantes donnaient, aux deux hémisphères qui le constituaient, l'air de deux énormes billes de billard se suivant tout le long de la bande. Vous connaissez, comme moi, cet effet-là.

— Certainement, dit Laripète, avec une flamme de concupiscence dans l'œil.

— Eh bien ! continua le narrateur, ce jeu de boules n'était rien auprès de celui de la princesse Nannsi ! Ah ! mais, celles-là ! les deux plus grosses planètes du firmament se rencontrant et se frottant l'une contre l'autre, dans l'immensité du ciel, mais affectueusement et sans se faire le moindre mal ! Ce que c'était une joie de la regarder marcher par derrière ! Aussi j'étais fort décidé à lâcher Saya, malgré la fermeté vantée de sa gorge, pour épouser légitimement cette fille d'un sang auguste dont le le père Kakakiri était tout à fait bien disposé pour moi. Ça, c'est étonnant ce que j'ai dû épouser de filles de roi ! J'étais créé pour couvrir le monde de dauphins. C'est certainement ce qui avait déterminé, sans que je m'en rendisse compte, ma vocation maritime. Kakakiri, dis-je, me voyait d'un bon œil, mais il y avait un héritier naturel, un neveu, le nommé Gotto qui m'en voulait infiniment, parce qu'il prévoyait bien et très juste que je visais le trône, ou tout au moins la régence de Kokofou. J'en était là de mes plaisirs coupables et de mes rêves matrimoniaux, quand le dentiste Koaku me surprit avec sa femme. Il se mit dans une épouvantable colère et me menaça de me livrer à la justice qui traite l'adultère fort sévèrement dans ce pays. Il transigea. Je consentis à lui céder en toute propriété une de mes dents qu'il guignait toutes les fois que j'ouvrais la bouche devant lui, d'abord parce qu'elle était d'une longueur extraordinaire, d'un ivoire singulièrement veiné de bleu, et picotée de petites pointes métalliques, produits de l'aurification, et que cet imbécile prenait pour une mine d'or naturelle.

Je dus me la laisser arracher. Il me fit un mal de tous les diables, mais cela valait encore mieux que les derniers supplices que j'avais encourus. Ah! cette dent! je lui dus deux fois la vie! aussi la reconnaîtrais-je entre mille! Eh bien! mes amis, cette dent est celle que le jeune homme portait à son collier. Koaku était son père et lui est peut-être mon fils!

Et l'amiral demeura un instant plongé dans une profonde rêverie. Puis il continua :

IV

— Pressé d'en finir avec une situation délicate, je demandai à la princesse Nannsi de hâter le jour de notre hyménée. Alors elle se troubla. Son père Kakakiri avait changé d'idées. Cette canaille de Gotto avait eu vent de mon aventure avec madame Koaku et avait tout conté au monarque. Maintenant celui-ci ne voulait plus donner sa fille à un paillard de ma sorte. Un tas de bêtises, quoi! La princesse, plus éprise de moi que jamais, me dit en me quittant « Laissez-moi faire! » et je lui avais répondu : « J'a aussi mon idée. » Puis je lui avais étreint, en signe de tendresse le bas de la taille, bas si copieux que mes mains ne pouvaient se croiser autour.

Mon projet était simple. Je me déguiserais en Achanti, pour n'inspirer aucune méfiance, et j'enlèverais celle que j'aimais. Je me barbouillai donc de noir; je me coiffai d'un simple bouquet de plumes je me culottai d'un morceau de mouchoir à carreau et, un arc sur le dos, comme l'amour, je me tins en sentinelle aux abords du palais, à l'heure où la Nuit penchait sa double aile d'ombre sur les remparts de Coumassie et sur les murailles de Kokofou. Une nuit admirable et qui roulait, sur son chemin, l'innombrable poussière des étoiles.

Minuit sonnait à ma montre à répétition, quand une grande et inquiétante clameur s'éleva du palais, un instant enveloppé de silence. La belle Nannsi, elle aussi, avait réalisé son idée. Elle venait d'assassiner son père, ce que font journellement, nous apprend un biographe de ces peuplades, les jeunes personnes qui veulent donner à leurs compatriotes une idée de leur courage et de leurs vertus. La nouvelle avait immédiatement couru partout et y soulevait un enthousiasme indescriptible. En même temps, une foule de guerriers se répandaient par les rues, empoignant et tenant enchaînés à des cordes de chanvre tous les pauvres diables qui se rencontraient sur leur chemin. Je fus moi-même pincé dans une de ces râfles et je vis immédiatement toute l'horreur de ma situation. Je connaissais, en effet, cet usage des Achantis de massacrer aux funérailles royales tous les prisonniers qu'ils avaient faits, en se ruant au hasard sur leurs plus inoffensifs voisins. J'étais destiné à mourir dans les plus épouvantables supplices et je me dis que l'amour seul de Nannsi pouvait me sauver. Je parvins à lui donner avis de ma détresse. Mais voyez comme on peut compter sur le cœur des femmes ! Gotto était parvenu à lui démontrer que je l'avais trompée avec madame Koaku. Elle se fichait pas mal que je meure !

Elle allait épouser Gotto et mettre sur son front sa couronne.

Mon cas était tout à fait désespéré.

Mais si la femme perd le plus souvent l'homme, aussi le sauve-t-elle quelquefois. On avait déjà mis en pièces sous mes yeux un milier de mes compagnons d'infortune, dont les tripes ensanglantées faisaient glisser leurs bourreaux sur la grande place, quand une mystérieuse intervention m'arracha à mon sort. L'excellente Saya avait su intéresser en ma faveur son cocu de mari, ce bon et pitoyable Koaku, qui me prit sous sa protection et me déroba à la fureur de mes assassins. Fou de reconnaissance, je lui promis que si une seconde mine d'or me poussait dans la mâchoire, je lui en concéderais l'exploitation exclusive. Pour tenir ma promesse, je ne me suis fait aurifier aucune dent depuis ce temps-là.

Voilà mon aventure, commandante. Perdu par Nannsi, sauvé par Saya, je pus regagner la France, à la grande stupeur du ministère qui me croyait dévoré. Vous savez le reste. Il me semble que la voix du sang s'éveille en moi et que partout on crie : Ce jeune homme est un Koaku... Ce jeune homme est ton fils !

LE MEUNIER, SA FEMME

ET L'AMANT

LE MEUNIER, SA FEMME ET L'AMANT

I

Ce petit conte sera le premier d'une série d'his‑
toires rustiques, naïves, un tantinet gauloises, de
belle humeur avant tout, dans le goût de celles que
ne narraient autrefois les braves gens, durant les
longues veillées d'hiver, le visage enluminé par les
belles flambées du bois dans l'âtre, autour de la
table où coulait le vin clairet des pots souvent vidés
et remplis, délassements innocents d'esprits simples
que la politique n'avait pas pervertis. Nous ne brû‑
lons plus maintenant que des produits chimiques
dans de toutes petites cheminées, et les choses que

nous buvons n'ont rien de commun avec ce tant benoît jus des treilles bourguignonnes qui met de la jeunesse au cœur. C'est, sans doute, ce qui nous rend si mélancoliques. Mais les soirs d'octobre n'en sont pas moins longs et ceux de novembre plus longs encore. Tenez ! tenez ! voici qu'ils viennent dans leur manteau de brume, frileux et pleins d'ombres humides ; ils montent, rapides, du couchant que n'illuminent plus que des feux pâles ; ils roulent, dans leur souffle gémissant et maudit, le vol des feuilles séchées et mettent des chansons plaintives aux roseaux des étangs. Plus de promenades à deux dans le mystère des bois, les bras se serrant, les lèvres se cherchant, et les étoiles souriant dans la profondeur tiède et parfumée des cieux ! Adieu, les amoureuses à qui il faut des fleurs dans les mains pour qu'elles écoutent nos mensonges ! Voici la saison des retraites autour de la lampe allumée déjà pour le dîner. Ne serait-ce pas vraiment l'occasion de rire un peu ? Ces menus récits dont le canevas m'est souvent fourni par la lecture des conteurs oubliés y pourraient servir peut-être. Ne froncez pas les sourcils, marquise ! Je n'y dépasserai jamais les bornes de l'honnêteté. Vous vous chaufferez le bout des pieds pendant que je conte ; plus haut que le bout, si vous voulez ; ce me sera un spectacle charmant que celui de vos chevilles ; pas si haut cependant que je sois distrait de mon état. A moins que... Mais non ! je connais votre humeur rigoureuse. Je répète que ces fabliaux sans prétention sont écrits pour les personnes seulement qui ne sont pas entachées de bégueulerie, s'amusent de peu, ne se fâchent de rien, et portent, en un mot, toutes choses gaillardement, — ou gailhardement, comme on écrira dans dix ans, par mémoire de ce tant précieux directeur de l'Opéra qui, lorsqu'un ténor venait à lui manquer, s'en allait quérir un passant pour chanter à sa place, ce que l'Etat admirait si fort qu'il lui donnait une subvention pour cela.

II

C'était un rude gas que le meunier Pierre et sa femme, une belle personne bien en chair qui se nommait Angélique et n'y avait d'ailleurs aucun droit. Car si les séraphiques habitants du séjour céleste avaient ces belles formes dodues, cet aimable embonpoint vêtu, comme un lys, de blancheur, ces belles épaules qui appellent, pour manteau non pas un déploiement d'ailes, mais l'or d'une chevelure dénouée ou l'étreinte de deux bras amoureux, ces yeux où gît la tentation et ces lèvres où le baiser fleurit, nous ne craindrions pas si fort la mort qui nous mettrait de compagnie avec ces délicieuses choses-là. Mais voilà ! nous n'avons que des notions incertaines sur ces habitants des sphères éternelles. Il est peu probable que ce soient les femmes qui deviennent des anges là-haut. Un philosophe a écrit à fort peu près, ces lignes bien raisonnables : « La Femme n'est ni un ange ni une bête, mais l'homme qui la prend pour un ange est une bête certainement. »

Je reviens à la meunière qui n'était pas un ange du tout mais dont la société m'eût néanmoins plu davantage que celle des chérubins, des séraphins, voire même des Dominations. Le malheur est qu'elle était fidèle à son mari, ou à fort peu près, comme vous l'allez voir. C'est qu'elle était vraiment fière de sa beauté, sentiment qui, plus souvent, protège l'honneur des époux, mieux que la vertu naturelle de leurs femmes. Retenez bien ceci : il y a tout avantage et plus de sécurité à avoir une femme belle, pour peu qu'elle le sache. En ceci, comme en toutes choses, l'orgueil est le plus solide mobile de nos bonnes actions et de nos mérites. Donc cette opulente, tentante et appétissante créature s'amusait beaucoup des tortures de ses soupirants et en riait méchamment de toute la blancheur de ses dents qui étaient pareilles à des gouttes de lait tombées dans une rose. Elle les malmenait tous, en bloc, et, plus que tous les autres, un nommé Thomas, godelureau fortuné du pays, grand tombeur de filles, pour ce qu'il avait beaucoup de toupet et un peu d'argent, et, de plus, une bête rancunière comme un mulet, un animal méchant comme une gale.

III

Quand j'ai dit qu'Angélique était rudanière (ce mot est dans Molière) à tout le monde, je n'avais pas pensé au petit Eliacin, presque un enfant qui se mourait d'amour pour elle et le lui osait à peine dire, mais dont elle encourageait les tendresses discrètes, par cruauté peut-être, mais peut-être bien aussi par pitié. Car ce n'était pas, au fond, une méchante personne. Toujours est-il qu'un soir, Thomas, qui rôdait toujours, les vit, le jouvenceau et la meunière, se rejoindre dans un beau bois de lilas en fleurs. Il semble qu'il ne perdit rien du discours qu'ils se tinrent ; car, lorsqu'Eliacin fut parti par un coin du taillis, il rejoignit Angélique à l'autre, et lui dit, en lui faisant une grande frayeur :

— Vous savez ! Je dirai tout à votre mari !

— Au nom du ciel ! Ne faites pas cela ! fit-elle suppliante, en joignant ses deux jolies mains.

— Té ! je me gênerais.

Elle se mit à genoux, dans l'herbe où les vers luisants promenaient leur petite lanterne phosphorée; elle pleura, elle se lamenta, elle implora.

— Tenez ! finit-elle par lui dire, taisez-vous et je vous en donnerai autant.

Et elle avait ramené ses coudes jusque sur son visage, tant sa honte était grande d'en être venue à une telle lâcheté. Elle était adorable ainsi et je vous jure, moi, que je me serais laissé attendrir et n'aurais accepté qu'avec beaucoup de remords.

— Autant ne me suffit pas, reprit l'impertinent ; il me faut davantage.

— Davantage !

— Je veux que votre mari soit là !

— Mais il ne le souffrira pas.

— Et même il pourrait me faire quelque mal. Aussi entends-je qu'il l'ignore, tout en étant présent.

— Tenez, Thomas, ayez pitié de moi, vous me ferez devenir folle !

— Taratata ! j'ai mon idée. Quand votre mari doit-il porter son sac de blé au château ?

— Demain, à dix heures.
— Et vous l'accompagnez ?
— Oui, pour l'aider un peu, au besoin.
— Il suffit. Bonsoir, vertueuse épouse, et tous mes hommages à Pierre !

Et tandis que suffoquée, hésitante, très malheureuse au demeurant, se sentant vaincue par la surprise de son secret, résolue à tout subir pour éviter une confidence douloureuse à son mari, elle s'en allait, lente, la tête basse, comme une coupable qu'accable le repentir, lui sifflotait, les mains dans ses poches, insolent comme un valet ; et même il esquissait des pas de quadrille sur une jambe et pirouettait comme un paillasse en répétant à demi-voix :

— J'inviterai des amis, et nous rirons ! canaille !

IV

Dix heures le lendemain. L'infâme Thomas avait, en effet, convié à la fête quelques mauvais drôles de son espèce et les avait mis comme en embuscade derrière la haie qui bordait le chemin que devait prendre le meunier. Il leur avait conté son projet et tous avaient parié contre lui qu'il ne le saurait mettre à exécution. Jugez donc ! En présence du mari ! Pierre s'avançait ployé sous le sac et Angélique marchait à côté, très pâle et toute rêveuse. Le meunier était en eau sous sa charge. Thomas s'en fut droit à lui, tandis que la pauvre femme eût bien voulu voir s'ouvrir devant elle les gouffres de l'enfer.

— En vérité, Pierre, tu sues pour si peu de choses !

Le meunier, qui haletait, répondit à l'insolent, avec une douceur infinie et un hoquet de lassitude :

— Je voudrais, Thomas, t'en voir porter autant.

— Autant ! Mais je parie que toi, ta femme et ton sac, je vous soulève entre mes bras tous les trois !

— Tu veux rire !

— Gageons.

— Tous les trois ? Tu n'as donc pas regardé le séant de ma femme.

— Oh ! que si ! Justement ! Oui, tous les trois.

— Ah ! par exemple, je parie que non !

— Combien ?

— Tout ce que tu voudras.

— Mettons une bouteille du meilleur vin des environs ; car certainement il me faudra me rafraîchir après un tel exercice.

Et il riait méchamment, d'un rire qui faisait passer un frisson aux épaules de la malheureuse Angélique.

Le meunier posa son sac à terre et dit :

— Voyons un peu comment tu t'y prendras.

— D'abord, Pierre, tu te coucheras le premier par terre, face contre le sol, sur le ventre et les bras en croix.

Le meunier obéit. Thomas lui posa ensuite le sac sur le dos et l'étala en fouillant le blé sous sa toile comme on fait pour rendre un matelas plus doux.

— A vous maintenant, madame.

Angélique dut s'étendre comme le lui ordonna l'impitoyable Thomas ; après quoi celui-ci écarta ses deux mains, comme pour embrasser le tout et n'...embrassa que la meunière.

On riait joliment derrière la haie.

— Ouf, fit-il, après plusieurs efforts. Je n'en puis plus ! Pierre, tu as gagné ta gageure.

Le meunier, délivré du double poids de sa femme et du sac, se releva enchanté et but de grand cœur la bouteille que l'affreux Thomas lui paya.

Comme il y a des gens qui sont contents de peu !

Excusez le badinage.

ALDÉBARAN

ALDEBARAN

I

— Et tout le monde a vu ce pauvre monsieur Paquéton faire le manège, sauter des barrières, faire en un mot tous les exercices qui distinguent les écuyers de profession !

— Oui, madame Lubine, c'est comme j'ai l'honneur de vous le dire, tout le monde qui était au cirque Métoncula, hier soir.

— Alors, comme un histrion ! Comme un saltimbanque de foire ! Notre juge de paix ! Un homme si vénérable ! Est-il permis ! Le pauvre homme est certainement fou.

— C'était un ahurissement général. Les mauvais citoyens applaudissaient à cette dégradation de l'autorité. Et lui continuait, comme s'il eût été ahuri, tressautant à chaque pirouette de l'animal qu'il montait, se tenant nerveusement à la crinière.

— Une gageure peut-être. Un pari sans doute. Ce pauvre M. Paquéton est si joueur ! Quand il est à son domino, il perdrait sa culotte.

Je poussai le coude à Jacques, qui écoutait, comme moi, sur la petite place d'Arpajon-sur-Plaine, ce commérage de province. Car nous étions tous les deux, dans la petite ville, comme en villégiature, et volontiers nous mêlions-nous à la causerie des bonnes gens sur le marché.

— Oui, mon cher, fis-je tout bas à Jacques. Cette brave Lubine a deviné. M. Paquéton avait perdu sa culotte.

— Comment, ce n'est pas une fable, cette aventure d'un magistrat réputé grave et se livrant à une voltige désordonnée dans un cirque forain ?

— Pas le moins du monde. Je n'ai qu'un regret. C'est de n'avoir, pas plus que toi, assisté à cette curieuse représentation. Mais je sais, — on sait tout dans ces diables de petits pays, — le secret très intéressant de cette comédie : une aventure d'amour, mon cher !

— Pour le respectable M. Paquéton ?

— Non ! pas tout à fait ; mais à propos de lui.

— Sois donc indiscret une fois de plus et dis-moi tout. Tu sais que ce qui m'entre par une oreille me sort par l'autre.

— Alors, quand il fait du vent, tu dois joliment

t'enrhumer du cerveau. Eh bien! oui! je vais te confier cette étonnante aventure. Mais, auparavant, allons nous asseoir dans quelque cabaret joyeux pour y boire un peu de ce petit vin clairet qui chasse tout ensemble la mélancolie de l'esprit et, du corps, les fâcheuses humeurs. Foin des crûs menteurs que débitent les restaurants boulevardiers et vive la bonne piquette aux reflets de violette qu'on boit sous les tonnelles des terres heureuses qui ne sont pas classées vinicolement parlant !

Bien assis sous un berceau de vigne vierge qui n'était plus qu'un enlacement de feuilles pourprées, je m'exécutai comme il suit :

II

Si tu connais la belle madame Paquéton, tu seras moins étonné de ce que je vais te dire. Tu la connais, mon doux Jacques ? Alors tu as admiré comme moi, quand elle sortait de la messe, sans doute, son visage hautain et souriant à la fois, attirant et défiant le regard tout ensemble, son beau visage félin qu'éclairaient deux yeux constellés d'imperceptibles étoiles, ciel étrange où l'on imagine plutôt des damnés que des élus. Car il y a un fond de perversité que je te signale dans cette physionomie de bourgeoise au teint un peu pâle, d'une moiteur exquise et coiffée d'une chevelure sombre où se doivent étouffer les rêves comme dans une nuit trop épaisse, une chevelure aux reflets bleus comme en ont certaines femmes d'Orient. Tu as certainement remarqué aussi le dessin inquiétant, dans sa mobilité, de sa bouche et le frisson rose de ses narines toujours en mouvement comme les ailes d'un papillon. Une femme à tempérament certainement mon cher, et ayant absolument le droit d'avoir un tempérament. Car, lorsqu'on a à donner, comme elle, les merveilles d'un corps que je crois impeccable ou à peu près (as-tu regardé les lignes superbes de sa taille, le beau renflement de ses hanches, l'épanouissement délicatement charnu de ses épaules et les nobles mouvements qui dénoncent des cuisses abondantes et des bras bien en chair ? ce serait assurément grand dommage que de tels biens s'en allassent sans être sérieusement appréciés du connaisseur et ne servissent qu'aux délices d'un magistrat provincial ne marquant le double-six qu'au domino. Mais madame Paquéton n'a garde qu'il en arrive ainsi, et, comme elle est fort habile, elle n'en garde pas moins une grande renommée de vertu, tout en se passant les plus étranges caprices. C'est de la belle et bonne hypocrisie, si tu veux; mais si les femmes n'avaient pas de ces hypocrisies-là, la vie des célibataires deviendrait intolérable absolument.

Savais-tu encore, pauvre naïf, que, depuis l'arrivée du cirque Métoncula à Arpajon, la femme du juge de paix n'avait guère manqué une représentation ? Oui. Alors tu aurais dû deviner qu'elle était amoureuse de quelqu'un de la troupe. De qui ? Du bel écuyer Ali-Boudor dont tout le monde admire les exercices sur son cheval savant Aldébaran. Tu l'as vu, n'est-ce pas, ce merveilleux petit cheval qui se met à genoux et vient lui-même se fourrer entre les jambes de son maître pour le mettre en selle sur son dos, allongeant son joli cou embroussaillé d'une crinière noire, avec un mouvement plein de précision et de délicatesse et soulevant ensuite son fardeau, sans le secouer aucunement, jusqu'à ce qu'il soit copieusement installé sur son échine. C'est très amusant.

III

Et nunc erudimini, mon camarade ! comme disait Bossuet. Tu ne t'es jamais demandé le secret des dompteurs et dresseurs d'animaux, chétive cervelle de badaud que tu es, petit esprit de gobe-mouches qui ne vas jamais au fond des choses ? Moi je m'instruis toujours et quand même et rien n'est mystère pour mon entendement de fouilleur. Apprends donc, — je tiens cela d'un des plus célèbres tortionnaires de lions de ce temps — que c'est par la puissance des odeurs sur les bêtes qu'on arrive à ces résultats merveilleux d'obéissance et de soumission. Pour ne pas être croqué, il suffit aux dompteurs de s'enduire d'un parfum qui donne la nausée aux fauves. Je crois, d'ailleurs, que leur secret a été éventé et que les moutons nous font absolument la même farce pendant la partie de l'année où leur chair a l'arôme le plus nauséabond. C'est souverain comme façon de ne pas être mangé. Les dresseurs d'animaux savants ne font pas autrement. C'est à l'haleine des habits de leurs maîtres qu'obéissent leurs pensionnaires et il suffirait de revêtir ces hardes enchantées pour obtenir d'eux absolument les mêmes exercices et les mêmes tours de passe-passe. C'est par le nez que les choses leur montent à la mémoire, ce qui n'est pas bien étonnant, puisque le siège de celle-ci est vraisemblablement aux temporaux, s'il en faut croire les cranologistes. Mais l'homme, lui-même, est dans ce cas, et l'amour, le plus cruel de tous les domptages, ne s'exerce pas autrement. Lis l'*Adorée* de mon ami René Maizeroy, et tu en seras convaincu comme moi, *odor di femina!* Je reviens aux bêtes savantes qu'on exige dans les manèges. C'est en flairant les larges pantalons des clowns que travaillent leurs chiens. C'est une remarque dont je suis l'auteur, qui m'a mis sur la voie et que je te signale. Si le bel écuyer Ali-Boudor n'avait pas, pour ses exercices, une certaine culotte doublée de cuir intérieurement, laquelle ne fleure qu'indirectement la rose — à moins que ce ne soit celle des vents — culotte à laquelle Aldébaran est habitué et qu'il reconnaît à distance, tu ne verrais pas celui-ci se glisser entre les cuisses de son maître pour l'encalifourchonner sur ses reins. Ali-Boudor le sait bien, et tu ne le ferais pour rien au monde se présenter devant son cheval avec un autre haut de chausses que celui-là.

Maintenant Jacques, que te voilà érudit comme moi, c'est-à-dire comparable à un bénédictin des meilleurs âges, je reprends donc, où je l'avais interrompu, le fil de mon récit.

IV

Comme l'a si bien rappelé cette éminente mère Lubine, M. Paquéton passe ses soirées à jouer aux dominos au café Jauffrion avec le docteur Pécouli, l'instituteur Lafontane et le vicomte Gobéa de Forbou, un gentilhomme démocrate, — parce qu'il n'a plus le sou, — et qui s'encanaille volontiers : partie à quatre, palpitante, endiablée, féconde en querelles qu'une commune passion apaise vite ! Car que deviendraient ceux-ci si ceux-là se fâchaient pour de bon ? De huit heures du soir à onze heures, madame Paquéton était parfaitement libre chez elle. Quel moment favorable pour recevoir le bel Ali-Boudor ! Oui, mais c'était précisément le temps où celui-ci devait opérer dans son manège. Ali-Boudor, qui était fort tenté par l'aventure, prit une résolution héroïque. Il déclara hier matin à son directeur, le fameux Métoncula, qu'il avait quelque part une fluxion qui l'empêchait absolument de travailler en selle et qu'il renoncerait volontiers à son cachet pour prendre un soir de repos. (Voilà un artiste économique que je recommande à la direction de l'Opéra.) M. Métoncula, qui dirigera peut-être un jour notre première scène lyrique (oh ! mon Dieu ! après les autres, pourquoi pas ?) accepta avec enthousiasme cette combinaison qui lui sauvait cent sous. Voilà Ali-Boudor libre de sa soirée. Par un surcroît de gentillesse, son directeur (décidément je vous le souhaite, messieurs de l'Académie de musique) lui permit de faire sortir aussi son cheval Aldébaran qui, sans lui, n'avait rien à faire au cirque. Voilà l'homme et la bête enchantés, l'un portant l'autre au départ. A huit heures un quart, tous deux étaient à proximité de la petite maison que M. le juge de paix habite là-bas, dans cette jolie avenue de tilleuls qui est presque la campagne complète. Ali-Boudor attacha Aldébaran à un arbre, mais à peine, sachant la bête incapable de s'enfuir sans lui, et il pénétra seul dans le foyer de M. Paquéton, où il fut reçu à draps ouverts par la belle dame que tu sais. Il faisait tout noir au dehors, comme il fait en ces premiers soirs d'automne qui sont faits d'ombres et de fraîcheurs. Suivrons-nous le bel écuyer jusque dans la chambre de la noble dame ? Non ! si tu le veux bien ; ce sont façons indiscrètes qui ne seyent pas à deux hommes distingués comme nous. Voudrais-tu être à la place d'Ali-Boudor ? Oui ? Eh bien ! moi aussi ! Mais il n'y a pas place pour trois dans le lit de justice de monsieur le juge de paix.

V

Sacrés joueurs de dominos ! M. le vicomte Gobéa de Forbou se fait bêtement pincer, à neuf heures pour le quart, trichant comme un Athénien du Pirée. Fureur générale ! Objurgations ! C'est trop fort cette fois ! Mettre à trois reprises du cinq sur du six ! On le guettait ! Au diable la sale compagnie ! M. Paquéton rentre chez lui où on l'attendait deux heures plus tard seulement; il rentre indigné et jurant de ne plus toucher l'ivoire de sa vie. Que les trois quarts des joueurs de piano (ce n'est pour toi, mon cher David, que je dis cela) ne peuvent-ils faire le même serment! madame Paquéton, dans un déshabillé tout à fait galant, entend dans l'escalier les pas de son mari. Eperdue, elle fourre Ali-Boudor dans le cabinet de toilette et se glisse elle-même au lit après avoir éteint la lumière. Ali-Boudor a emporté sa veste (pas complète : il y manquait deux manches au moins pour que ce fût une veste complète) et attend fort anxieux.

Vous avez prévu la comédie ordinaire. A peine Paquéton déshabillé. — « Ah! mon ami! que je souffre! n'allumez rien! la lumière me fait un mal horrible! maudite migraine! ma tête se rompt! Ah! vite! vite! je vais certainement mourir. Remettez vos frusques, allez bien vite en courant quérir un médecin! » Cet imbécile de Paquéton, dupe de la farce éternelle, est déjà parti. Il déboule l'escalier comme un colis qu'on y aurait jeté avec violence. Il est au bas. Pendant ce temps, Ali-Boudor se prépare à décamper sans demander son reste... Sapristi! ce n'est pas l'embarras, je l'aurais bien pris à sa place!

Mais voilà le merveilleux, l'incroyable, le tout à fait imprévu de l'aventure. Monsieur Paquéton n'avait pas franchi son seuil, qu'un petit cheval, le cheval Aldébaran, qui s'était détaché sans peine en entendant ouvrir la porte, se précipitait vers lui, s'introduisait violemment et malgré lui entre ses jambes, le huchait bon gré mal gré en selle, et l'emportait, ahuri, rapide comme le vent. Ne sentant aucune direction, le fougueux animal reprit vivement le chemin de l'écurie. Comme il approchait du cirque, la musique le guida ; on jouait un air sur lequel il avait souvent travaillé. Psst ! il s'enfila comme un trait dans la piste, au grand ébahissement de tout le personnel et du public, et, toujours Paquéton sur le dos, exécuta avec un brio extraordinaire ses exercices quotidiens. Tu sais l'effet déplorable que cette exhibition a produit dans la population. Ce que tu ne savais pas, c'est que, lorsqu'on releva monsieur Paquéton épuisé, haletant, fourbu, pour le déshabiller et le soigner, on s'aperçut que, par mégarde et en se hâtant de se rhabiller pour obéir à sa femme, il avait enfilé la culotte à garniture de cuir du bel Ali-Boudor, que celui avait abandonnée au pied du lit de madame Paquéton. La méprise du cheval s'explique ainsi. Quant au malheureux juge de paix, il était dans un tel état d'effroi et d'anéantissement qu'il ne se douta absolument de rien et fut ramené sans pantalon chez lui, sans s'en rendre seulement compte.

Sa femme, qui est excellente, lui fit une tasse de camomille et lui pardonna.

SIMPLE MOT

SIMPLE MOT

I

Explique qui voudra cette anomalie. Je n'ai aucun goût pour la chasse et j'adore me promener, le matin, avec un fusil sous le bras. Douceur personnelle et philanthropique de ma nature : je n'ai jamais eu envie de tirer que sur des hommes. C'est une affaire de race. La première fois que j'allai visiter, au fin fond de l'Ariège, le berceau de mes aïeux, lequel fut un nid d'aigle sur la frontière, derrière les montagnes d'Ax, le parent qui me guidait me montra une façon de sauvage, en embuscade sur un petit pont et ayant une carabine à la main : — « N'approche pas, me dit-il, c'est un de nos cousins qui a un déplorable caractère. Il fiche des coups de feu à tout le monde. » Moi, ce n'est pas aussi général. Mais je sais un ou deux coquins pour qui je ne regretterais pas une bonne charge de chevrotines, à l'occasion. Dieu me donne la grâce de la leur offrir un jour, sans qu'il en résulte pour moi aucun inconvénient ! Car, n'était la crainte salutaire de la gendarmerie, il y a longtemps que cela serait. — « Que l'on serait heureux, me disait un jour l'impressionniste Forain, dans un pays où il n'y aurait pas de loi ! » Mais il y en a pour tout le monde, excepté pour les directeurs de l'Opéra.

En attendant, dis-je, j'aime à jouer pour moi-même les braconniers d'opéra-comique. C'est un métier sans danger, à la condition de se tenir à vingt lieues de la frontière allemande. C'est ce que les gens prudents feront désormais. Fidèle à mon innocente manie, je flânais, un Lefaucheux en bandouillère, par un joli petit chemin que je sais et que les premiers frissons de l'automne font plus pittoresque qu'en aucune autre saison. De grands liserons au cœur de neige ou de rose, au feuillage bien vert encore, y grimpent, de part et d'autre, le long des broussailles toutes rouillées par les chaleurs caniculaires. Ce sont comme des guirlandes mortuaires posées sur les victimes du soleil. Je vous ai dit déjà que c'était de bonne heure, dans une buée aurorale dont les transparences s'empourpraient, puis se doraient, puis découvraient, comme un voile qui se soulève, les pierreries étincelantes que la rosée avait mises aux arbustes et sur les gazons. Telle une femme couverte de diamants se dégage d'une parure de gaze et découvre, en entrant au bal, sa poitrine constellée.

Et je pensais, tout en marchant dans l'herbe humide, devant ce ciel que traversaient, à l'Orient, de grands sillons de feu, les sillons sacrés où germe la lumière et que creuse, comme un soc, le char incendié du soleil, père de toute fécondité. Je pensais aux fragilités de l'amour qui furent le tourment de toute ma vie, aux espoirs qui me sont venus d'un regard ou d'un sourire et qu'un regard et un sourire m'ont repris, à celle qui, la dernière, m'a donné l'illusion d'une tendresse immortelle et qui l'aurait eue de mon cœur, si elle ne l'avait brisé !

— Bonjour, m'sieu, me dit une voix de campagnarde.

— Je vous salue, madame Lubine, lui répondis-je, légèrement vexé d'être interrompu dans ma mélancolique rêverie.

— Hue donc ? Bertrand ! reprit la même voix. Ah ! la sacrée bourrique !

II

C'est que j'ai oublié de vous dire que madame Lubine était à âne. C'était, pour elle, une pose triomphale dont elle connaissait tous les avantages et qui servait merveilleusement sa coquetterie de paysanne. Et, de fait, elle était à la fois majestueuse et aimablement comique, en selle sur son baudet, une selle rudimentaire avec un appui très bas de bois vermoulu. Tout en dodelinant suivant le rythme que lui donnait le pas de l'animal, elle faisait saillir, par sa cambrure, les fermetés antérieures de son corsage et, d'un autre côté, les saillies adorablement appétissantes d'un postérieur splendide et sculpturalement biconvexe. Elle était irrésistible ainsi, cette double chaîne de montagnes jumelles se balançant suivant une mesure que réglait son chef d'orchestre à quatre pattes. Il y avait, dans tout l'ensemble de son être ainsi lentement secoué, une langueur vigoureuse, je ne ne sais quoi de musical et de sensuel, d'harmonieux et de voluptueux qui vous mettait des étincelles aux moelles. Ainsi, moi, qui n'aime pas les filles des champs...

— Et ça n' vous rappelle rien, m'sieu ? reprit la Lubine d'un ton de reproche.

— Si, ma chère ! répondis-je sur le ton le plus affectueux que je pus.

— Il faut avouer que vous êtes, tout de même, bigrement ingrat ! Hue donc, Bertrand !

Bertrand répondit à cette invitation par un petit bruit sec qui était sa protestation ordinaire contre les injustices de l'humanité.

— Oui, madame Lubine, je fus un ingrat.

Et je me mis à marcher silencieusement auprès de sa monture, en me remémorant les douceurs d'un matin d'automne tout pareil, où je l'avais également rencontrée. Pendant ce temps, aussi muette que moi, elle continuait à se laisser balancer par le mouvement de sa bête, la tête en l'air, avec une expression feinte d'indifférence et de dédain à mon endroit, comme quelqu'un qui, tout en regardant le ciel, vous dit : « Je me moque pas mal de vous. »

Oui, j'avais été un ingrat et, de plus, un sot, de ne jamais avoir cherché à revoir cette appétissante créature qui, après tout, m'avait donné un fort joli moment, pas bien loin de là, dans un fourré qui fumait au soleil levant, comme aujourd'hui, fouillis mystérieux de jeunes bois qui faisait impénétrable l'enchevêtrement des églantiers grimpants. Oui, vraiment! pourquoi ne m'étais-je pas souvenu plus tôt?.. Ah! le préjugé! Je n'aime pas les beautés rustiques et je leur préfère impudemment les mensonges des citadines toilettes. Affaire de race encore. J'ai eu un arrière-grand-père qui ne voulait faire cocus que des personnes de naissance et appartenant à une noblesse authentique. Mois je suis plus libéral : le tiers-état me suffit. Il n'est rien que le juste milieu pour s'y trouver bien.

Je poussai un gros soupir. Nous approchions du fameux fourré. J'étais bien décidé à m'encanailler une seconde fois... Mais me pardonnerait-elle? Je la regardai et ne vis rien d'inexorable dans la froideur menteuse de son regard.

III

Je l'avais décidée à descendre de dessus l'échine de Bertrand qui, lui aussi, avait poussé un sanglot de soulagement. Je l'avais même prise dans mes bras pour lui faire la chute plus facile, et les souplesses charnues de son corps avaient fait passer de mes mains à mon cœur comme un nouveau frisson de fièvre. Elle était adorable vraiment avec sa lourde chevelure blonde que le vent et la course avaient un peu dispersée et qui ruisselait en mèches dorées et drues jusque sur ses épaules que découvrait sa chemise entr'ouverte. Sa jupe rouge avait craqué près du cordon et j'entrevoyais, sous la toile, le reflet ambré des délicieux faux-filets d'amour enfermés dans le buffet d'étoffe. Il ne restait vraiment qu'à mettre le couvert et je m'y disposais quand un grand bruit se fit dans les feuilles. Une jeune personne, une demoiselle en sortit, la fille de quelque villégiateur voisin, sans doute, en promenade matinale.

— Bonjour, mamz'elle Eglé! fit gracieusement la Lubine à la nouvelle venue.

— Que le diable emporte cette péronnelle! murmurai-je entre les dents.

La péronnelle se mit à causer familièrement avec la paysanne, en tenant ses distances toutefois et en chiffonnant ses jupes avec ses petites mains gantées de Suède. Elle avait le verbe haut et un peu criard des enfants gâtés. Etait-ce vraiment une fantaisiste ou simulait-elle simplement, pour se rendre intésante, les charmes du caprice? Je n'en sais rien. Mais vous voyez d'ici cette évaporée qui m'était venue couper l'herbe sous... le pied, dirai-je par convenance.

— Voulez-vous monter sur mon âne, mam'zelle Églée? dit vivement madame Lubine.

— Tiens! c'est une idée.

Le malheureux Bertrand, qui était en train de

brouter une feuille d'absinthe pour se donner de l'appétit, parce qu'il avait aperçu tout près de là, pour son déjeûner, un chardon magnifique, dut en rester sur son apéritif. Mais il éprouva de ce contre-temps gastronomique une telle mauvaise humeur qu'il se mit à ruer comme un diable, dès que la péronnelle fut sur son dos. Et celle-ci de crier :

— Aïe ! Aïe ! Je vais tomber ! Madame Lucine, à moi !

— Pas peur, mam'zelle, répondait Lucine en rouant de coups le baudet qui n'en ruait que plus dru.

— Mais vous allez me faire casser le derrière !

— Pour ça, mam'zelle, ça n' fait rien. Y a ben longtemps que l' mien est en deux morceaux et il n'en marche pas plus mal !

L'HORLOGER DENTISTE

L'HORLOGER-DENTISTE

I

Sur la grand'place de Camelle-près-Puce (canton de Salle-Aude) — je vous jure que je n'invente pas ce nom—les gars discutaient entre eux autour d'un jeu de cochonnet, attendant que les filles sortissent des vêpres. Car, un peu comme partout, dans ce coin provincial, les femmes continuent de se montrer moins chrétiennes et les hommes de penser librement, ce qui est, en général, une façon de ne pas penser du tout. Tel est le pouvoir de la presse et de ses moyens de diffusion, que le récit que je vous ai fait, il y a juste huit jours, du Meunier, de sa Femme et de l'Amant, était parvenu jusqu'à leurs oreilles, et c'est de quoi ils péroraient en fumant des pipes et écoutant vaguement les grognements de l'orgue derrière le porche fermé de l'église. Ils en discutaient gravement, en bons don Juans de village, approuvant complètement le mauvais tour dont le pauvre meunier avait été l'objet et le gouaillant d'avoir servi de traversin à sa femme. C'est que ces godelureaux campagnards, tous célibataires, en voulaient diantrement aux maris. Le cocuaige, comme disait Rabelais, n'est pas, en effet, seulement d'institution citadine, urbaine et métropolitaine. Il rayonne volontiers sur les bourgs les plus obscurs, comparable, en cela, au soleil qui luit pour tout le monde... hormis pour les aveugles, cependant. Convenons, s'il vous plaît, que ceux qui échappent à sa grande loi sont comme des infirmes, de vrais monstres privés d'un organe aussi essentiel, au moins, que la vue. L'homme est naturellement un cornifère comme le cerf et le taureau. Ainsi pensaient, du moins, nos gars qui, comme vous le voyez, n'étaient pas de belle morale.

— C'est fort bien, fit le gars Dominique, de l'avoir fait en présence de son mari et sans que celui-ci s'en aperçût. Mais il y aurait mieux à faire encore.

— Quoi donc? fit le gars Fortuné qui était un curieux.

— Il y aurait à se faire porter par le mari jusque dans le lit de sa femme, sans qu'il se doutât davantage du rôle ridicule qu'il joue.

— Et tu t'en chargerais, Dominique?

— Dominique réfléchit un instant, après avoir mis

son doigt le long de son nez, position méditative du paysan en arrêt devant l'idée. Il se frotta légèrement la narine droite, durant que sa bouche se fendait dans un malicieux sourire dont ses longues oreilles étaient menacées.

— Ça y est ! fit-il ensuite d'un air suffisant.

— Mais sa femme sera complice ? hasarda le gars Bertrand qui était un finaud.

— Sa femme sera complice, répondit Dominique avec résignation. Ça, il le faut ?

— C'est moins beau que de les tromper tous les deux, comme l'amoureux de la meunière.

— Rien n'est parfait dans le monde et le mieux est l'ennemi du bien, conclut le gars Bignolet qui avait un goût prononcé pour les proverbes.

— Et sur qui comptes-tu opérer, Dominique.

— Sur le bourrelier Jérôme. Il a bien la tête qu'il me faut pour y faire un bon semis, et je sais, de plus, que je ne déplais pas à madame Jérôme.

— Combien le pari ?

— Ah ! vingt francs au moins. Vous pouvez bien vous cotiser pour me payer convenablement le plaisir que je vous vais donner. Je ne saurais travailler à moins. Car mon invention est admirable et j'y ai certainement usé une partie de mon cerveau.

— Tope ! firent les gars, en allant serrer, tour à tour, la main de Dominique.

Un silence se fit. Le porche s'ouvrait et les fidèles en sortaient, vieilles femmes marmottant encore des *ave* et jeunes filles s'épanouissant à l'air et à la lumière comme des roses qu'ouvre le matin, médiocrement recueillies, avides d'être regardées par les garçons et fleurant l'encens dont le parfum n'est pas sans volupté mystique. Les gars les contemplaient en chuchotant avec une admiration impatiente. Seul Dominique rêvait à son projet.

II

Il est temps cependant de vous faire faire connaissance avec ce Dominique qui se sentait si sûr de lui et d'en excuser, au moins, l'outrecuidance. C'était d'abord un joli garçon, ce qui est sérieux motif de toupet; puis il avait vingt-cinq ans, ce qui est encore une plausible raison d'assurance. Enfin, il avait eu auprès des beautés mariées de Camelle-près-Puce une série de succès qui achevait de justifier ses prétentions. Il était horloger de son métier, le seul horloger du village. Or, ce sont d'importantes fonctions, surtout dans les endroits où elles s'exercent à l'état de monopole et en façon de privilège. Jugez donc! Dominique était, pour ainsi parler, le dépositaire de l'heure dans ce petit congrès humain dont la présence d'une d'une gare de chemin de fer n'avait pas encore unifié les opinions sur cette importante chose de la vie. Tout le monde venait consulter le cadran posé au-dessus de sa porte. S'il lui plaisait de faire avancer toutes les pendules et toutes les montres de la localité, il ne tenait absolument qu'à lui. Il représentait le temps. Il était la mesure de l'éternité. Il était plus puissant que M. le président de la République lui-même qui se soumet aux despotique volontés de l'Observatoire et aux caprices du canon du Palais-Royal. Mais Dominique n'abusait pas en tyran de sa formidable magistrature. Il cumulait d'ailleurs sa charge d'horloger municipal avec celle de dentiste. Dans cet art non plus, il n'avait pas de rival. Crac! en un rien c'était fait! Et, s'il s'était trompé de dent, il recommençait sans la moindre mauvaise humeur. Intrépide comme la jeunesse, il s'attaquait aux molaires les mieux fortifiées et ne faisait qu'une bouillie des gencives les plus récalcitrantes. Il avait acquis ce talent chez un vétérinaire qui avait pris sa retraite dans le pays et qui exerçait, avant lui, le même sacerdoce odontalgique. Maintenant, vous connaissez ce Dominique mieux que moi.

Et sa victime? le pauvre bourrelier Jérôme dont il avait juré de bossuer les temporaux? Un brave homme, un bon homme qui adorait sa gueuse de femme, comme cela arrive souvent. Ah! les mâtines, que ces femmes! Ce qui leur manque n'est pas ce que vous croyez : c'est l'honnêteté sur quoi l'on peut se reposer en paix.

> Toujours ce compagnon dont le cœur n'est pas sûr!

comme a dit mélancoliquement Vigny. Madame Jérôme était une personne légère, bien qu'elle pesât dans les cent soixante-dix, ce qui, pour moi, est le poids idéal. — Pour n'effrayer personne et ne décourager aucune bonne volonté, je vous avouerai que je me contente, à la rigueur, de cent quarante. — Mais c'est un minimum! Au-dessous, ma politesse doit être considérée comme un tour de faveur

— Ce qui m'aurait tout à fait charmé, dans cette personne sans grand vertu, c'était sa belle chevelure d'un fauve changeant, rouillé, teinté de sienne, ses belles dents qui semblaient une rosée de lait dans le calice d'une rose, des yeux d'un gris bleu où passaient des étoiles filantes, ses bras rondelets comme de séraphiques andouillettes, sa gorge appétissante comme un couvert mis pour deux, ses hanches épanouies comme les côtes d'une amphore, et bien d'autres choses encore... tout ce que Salomon appelait, dans le *Cantique des Cantiques* : *Et quod intrinsecus latet !* Vous m'avez compris, tas de petits pourceaux ?

Dès le lendemain, Dominique avait entrepris le siége médité et s'était assuré la complicité de bonne amie, laquelle était une excellente, raillarde, tenant la rigolade pour un bien, pas du tout bégueule, et aimant à rire, parce que le rire allait merveilleusement à sa bouche rouge et charnue.

Tout étant bien convenu, vous allez voir comment il gagna son pari.

III

— Qu'avez-vous, ma mie, à vous retourner ainsi dans votre lit ?

— Ah ! mon mari ! Ah ! mon doux Jérôme ! Si vous saviez ce que je souffre !

— Encore vos maudites coliques !

— Non ! non ! c'est plus haut. C'est une rage de

dents qui me prend, une rage abominable! Hi! Hi! Hi! Hi!

— Na, na! ne pleurez pas, Guillemette. Si vous avez quelque quenotte malade, Dominique vous l'arrachera demain.

— Demain! demain! On voit bien que vous n'êtes pas à ma place, égoïste, mauvais cœur! Coquin! Aïe! Aïe! Aïe! Non! pas demain! tout de suite! tout de suite! Allez me quérir Dominique, mon ami, ou je sens que je vais mourir.

— Y pensez-vous? Guillemette! Réveiller à minuit ce brave garçon qui a mis en place des grands ressorts toute la journée!

— Je vous dis qu'il me faut Dominique tout de suite, parce que je n'y tiens plus, que je deviens folle et que je vais tout briser à la maison! Aïe! Aïe! Aïe! Hi! Hi! Hi!

Jérôme était de complexion compatissante. Il passa sa culotte et s'en fut pour réveiller Dominique. Mais celui-ci qui avait le mot et son idée fit longtemps la sourde oreille. Enfin, il mit le nez à sa fenêtre et demanda : « Qu'est-ce que vous me voulez? »

Jérôme lui dit le cas. Dominique répondit : « Impossible, maintenant. Demain matin si vous voulez. » Puis il referma sa croisée.

— Je te l'avais bien dit, fit Jerôme en rentrant, il ne veut pas se lever.

Alors madame Jérôme se roula dans de feintes convulsions, mordit ses draps, fit un tas de simagrées, traita son mari de lâche et de fainéant et le renvoya de nouveau chez l'horloger dentiste.

Même accueil de celui-ci et même réponse : « Demain matin, si vous voulez ! »

— Mais, ma femme se meurt ! ma femme devient insensée ! Excellent Dominique, ayez pitié de moi ! Il fait un clair de lune superbe et je vous accompagnerai. Je vous paierai très cher, le double du prix.

— Impossible ! répliqua l'incorruptible Dominique. Je ne puis sortir.

— Au nom du ciel ! Au nom de votre mère ! ne nous abandonnez pas au désespoir. Ce ne sera qu'un instant pris sur votre précieux sommeil et que vous rattraperez ensuite !

— Ce n'est pas cela qui me retient, fit Dominique.

— Et quoi donc ? demanda l'anxieux bourrelier.

— Vous voulez le savoir ? continua tout bas l'horloger-chirurgien. Eh bien ! je suis obliger de rester à la maison parce que cette canaille de Gaillard, le savetier, a emporté mon soulier, hier soir, pour y mettre un béquet nécessaire, et ne me le rendra qu'au petit jour. Vous ne souffririez pas, j'imagine, que j'allasse pieds nus jusque chez vous, au risque de me blesser dans la nuit...

— Non, certes ! fit le bon Jérôme, en frissonnant comme un homme qu'une idée terrible étreint. Mais, si ce n'est que cela, je vous porterai, mon cher Dominique ! Je vous porterai sur mes épaules à la maison ; je vous ferai monter l'escalier sur mon dos et ne vous déposerai que dans la chambre de ma femme !

— Alors, c'est différent, fit froidement Dominique. Je descends.

Et il se frottait les mains, tout en escaladant les marches et en se disant : Ça y est ! »

IV

Spectacle douloureux et comique tout ensemble ! Tous les gars du pari étaient là blottis derrière les haies et riant comme des bossus, à voir le pauvre Jérôme devenu le patient baudet de celui qui l'allait faire cocu et le portant, sur son échine, à domicile, de peur qu'il manquât au rendez-vous. Il ne manquait vraiment qu'un cortège agitant des palmes comme au jour sacré des Rameaux. Quand Dominique eut été déposé dans la chambre de madame Jérôme, il pria le mari de sortir, parce que, lui dit-il, l'opération était délicate et la moindre distraction pourrait être un péril. Jérôme se retira docilement en priant Dieu que Dominique ne fît pas trop de mal à sa femme. Dieu l'exauça pleinement; mais il y mit le temps. Jérôme dut bien attendre derrière la porte un grand quart d'heure. — « Est-ce qu'il va lui en arracher plusieurs? pensa-t-il avec angoisse, ces jeunes dentistes sont capables de tout » ! Quand on lui permit de rentrer, Guillemette était toute rassérénée. Il courut à elle et la pressa lentement sur son cœur.

— Ta dent? ma mignonne ! Ta dent? Ta chère petite dent?

— J'ai pu la lui conserver, dit Dominique avec aplomb, par un traitement dont j'ai le secret.

— Ah ! merci ! fit l'excellent Jérôme, j'y tiens tant, à ces chères petites quenottes !

— J'y tiens autant que vous, répliqua galamment Dominique.

— Qu'est-ce que je vous dois, mon excellent ami ?

— Oh ! rien ! fit l'horloger-dentiste avec une mimique adorablement gouailleuse.

— Par exemple ! Je vous ai promis le double du prix ordinaire et vous donnerais bien le quadruple.

— Soit, fit le cynique Dominique. Je ne veux pas vous contrarier. Mais seulement, vous savez : je suis maintenant votre débiteur et recommencerai trois fois pour rien !

— Que vous êtes bon ! fit Guillemette, monsieur Dominique !

On se sépara en s'embrassant. Le drôle avait pleinement gagné son pari.

Ainsi tout finit bien dans le monde des honnêtes gens !

CONTE BOURGEOIS

CONTE BOURGEOIS

I

C'était un petit homme replet et quelque peu ridicule. Comment le nommerons-nous? Mistouflet? Cucuron? Roubichon ou Lapétasse? Va pour Cucuron! L'essentiel est de lui trouver un pseudonyme bien opaque. Car l'aventure est authentique et le mâtin, s'il venait à me lire, serait fort capable de me traîner en justice. Or le Dépôt est si mal composé, depuis quelques jours, que vous ne me feriez, pour rien au monde, faire ma compagnie des gens qui y sont actuellement. Mon homme s'appellera

Cucuron, vous dis-je. Et si un Cucuron se fâche, eh bien ! il verra comment je traite ses pareils. Mais ce petit homme n'était pas ridicule et replet seulement. Il était fort rangé, tout à fait régulier dans sa vie ; et si économe qu'il eût étonné les directeurs de l'Opéra eux-mêmes. Voilà encore un gaillard qui n'aurait pas gaspillé la subvention à entretenir de coûteux artistes ! M. Cucuron se contentait d'entretenir sa bonne, Anastasie, — par corruption, Tasie — une gaillarde qui flattait ses goûts parcimonieux ; car elle espérait bien hériter un jour de tout le bien épargné. Faut-il ajouter qu'elle était servante-maîtresse ? Bah ! vous l'avez bien deviné, aimables futés que vous êtes. Je n'ai jamais compris, pour ma part, qu'on couchât avec la personne qui vous rend, par profession, certains soins domestiques. Je ne baiserais pas volontiers les mains qui se promènent de la marmite au vase du chevet. Ce n'est pas l'odeur du miroton que j'aime dans les cheveux des femmes et je lui préfère impertinemment celle des lilas. Mais j'en sais beaucoup, surtout en province, qui sont moins exigeants que moi. M. Cucuron était de ceux-là. Maintenant Tasie était, au demeurant, une belle fille, bien pourvue pour amuser les doigts d'un curieux, j'entends abondante en rondeurs copieuses et assise sur un beau potiron naturel. Son plus grand défaut était la gourmandise, une gourmandise de grosse chatte et fort logiquement, comme elle mangeait la moitié de tout ce qu'elle servait, elle y apportait un soin extrême. Ces deux êtres bien faits pour se comprendre vivaient parfaitement heureux, ce qui prouve que la poésie est simplement un luxe à l'usage de ceux qui veulent souffrir. Le ciel me donne à mon déclin, — sans toutefois se presser — une de ces affections solides et sages où les caresses désordonnées se transforment en simples pets de nonnes.

J'ai oublié de vous dire que M. Cucuron avait pour prénom Eustache et que le jour de sa fête était proche.

II

Comme tous les célibataires embâtés d'une servante cumulant les devoirs du concubinage avec ceux de la cuisine, M. Cucuron voyait fort peu sa famille, qui ne venait chez lui qu'aux grandes occasions. Alors Tasie se cachait avec grand soin, tout en ronchonnant de ne jamais recevoir d'étrennes. Par un usage bête, le seul sacrifice que fît notre homme aux traditions augustes du sang consistait à réunir ses neveux et ses nièces dans un festin pour célébrer annuellement l'anniversaire du saint dont il s'honorait de porter le nom. Comme toujours c'était Tasie qui faisait le repas. Mais elle n'y prenait aucune part, ce qui lui saignait le cœur. Car on mettait, à cette occasion, les petits plats dans les grands, comme dit une locution stupide. Voyez, en effet, le beau régal que ce serait de n'avoir à manger que des assiettes !

Or, cette fois-ci, M. Cucuron dit gravement à sa maîtresse :

— Ecoute, Tasie, je trouve absolument inique,

injuste et contraire aux saintes lois de la morale qui est rémunératrice avant tout, que tu ne prennes pas ta part de ces agapes dont tu as fait tous les frais, en cordon bleu que le ciel t'a faite, pour ton bonheur et pour le mien. Tu me diras que tu pourrais commencer par prélever le meilleur de chaque mets pour le manger, seule, à la cuisine. C'est à quoi ne manquent pas les marmitons qui ont quelque esprit. Mais non! ce que je voudrais c'est t'avoir à mes côtés dans cette solennité dont ton cœur est plus ému certainement qu'aucun autre; c'est te mêler à la joie commune; c'est te faire goûter les délices de la bonne compagnie.

— Trouvez-vous donc vos neveux si bien élevés que ça?

— Non! ce sont de vrais gorets, mais enfin, ils sont du monde et ont tous les vernis de la distinction, ce qui donne toujours un charme à la société des gens. Enfin! j'ai mon idée et tu verras que rien n'est plus simple que de la réaliser. Aussitôt le repas bien préparé, tu t'en iras, ne laissant ici pour servir qu'Adèle, le petit souillon que tu prends pour t'aider les jours de cérémonie. Une fort élégante toilette t'attendra à l'hôtel du Chemin de fer. Tu la vêtiras et mon ami Théophile t'attendra à la gare. Il t'amènera ici en voiture à l'heure du dîner et te présentera à ma famille comme sa femme! Je vais lui écrire immédiatement pour qu'il se tienne prêt à jouer son rôle. Ainsi, ma bonne Tasie, tu mangeras, comme tout le monde et au milieu de mes convives, une tranche de l'admirable cuissot de chevreuil que tu mettras à mariner aujourd'hui même et tu rempliras ton assiette des gobichonnades délicieuses que tu ne manqueras pas d'élucubrer pour les joies profondes du palais de mes invités.

Tasie approuva absolument le projet de son maître. Une couturière fut mise immédiatement à l'œuvre et le cuissot de chevreuil commença de devenir gris sous la morsure du vinaigre, la rouge blessure des carottes et les perfides baisers de l'estragon.

III

Le grand jour est venu. *Hæc dies quam fecit Dominus,* comme disait le psalmiste. C'est par simple esprit de réaction que je ne perds pas l'occasion de citer du latin, même mauvais. Les voisins de M. Cucuron, qui occupait un joli pavillon entouré de jardins à la campagne, ses voisins, dis-je, qui n'avaient aucune illusion sur ses mœurs domestiques et sur ses goûts ancillaires, avaient souri en voyant Tasie partir longtemps avant l'arrivée des invités et laisser Adèle seule pour faire le service. Il eût été par trop imprudent de faire donner des assiettes à ses parents par sa maîtresse. Vous voyez qu'ils ne devinaient pas du tout le machiavélisme du plan Cucuron. Les convives arrivèrent assez exactement et rapidement, arriva l'heure de se mettre à table. Quand celle-ci eut sonné, M. Cucuron commença à ressentir une inquiétude vague. Théophile et Tasie n'arrivaient pas! Une demi-heure passa, et les estomacs regimbèrent hautement. Adèle servit le potage; mais son maître ne demeura pas un seul instant sur sa chaise. Constamment il se levait, ouvrait la porte, descendait dans le jardin, s'arrêtait pour surprendre le roulement lointain d'une voiture.

— Ah! ça, est-ce que Cucuron est malade? se demandaient les convives interloqués. Et les plus braves criaient :

— Mon oncle! mon oncle! votre potage va être froid.

De guerre lasse, on servit le poisson après la soupe ; un superbe turbot pour lequel Tasie avait fait une sauce! L'impatience de Cucuron semble grandir et avec elle l'impossibilité de rester une minute en place. C'est comme un fou qu'il se précipitait dehors, courant à la grille, tendant l'oreille et murmurant entre ses dents : Canaille de Théophile! Il aura manqué le train! Et la pauvre fille n'aura plus de turbot! Ces goinfres vont tout dévorer.

— C'est décidément une bien grande colique qu'il a! fit le neveu Pistache.

Et le chœur de reprendre :

— Mon oncle! mon oncle! votre poisson ne sera plus bon!

Quand le fameux cuissot de chevreuil fit son entrée, Cucuron, qui sentit ses narines envahies par un délicieux parfum, n'y tint plus. Il entra sournoisement dans la cuisine.

— Adèle! fit-il, mon enfant, pars à l'instant. Ne connais-tu pas quelqu'un dans le pays qui me pourrait rendre le service d'aller chercher à la gare madame Anastasie qui y attend, et de l'amener en la présentant ici comme sa femme?

La petite souillon le regarda avec des yeux hébétés.

— Il y a bien le fils du charcutier, dit-elle.

— Tu lui diras qu'il y a à faire pour lui un excellent dîner pour rien et que je lui donnerai quelque chose de plus pour sa peine. Va, cours, Adèle ! Aie soin qu'il mette ses plus beaux habits. Tiens, voilà six francs pour la voiture qu'ils vont prendre. Si le cocher leur rend quelque chose, ce sera pour toi. Va ! va ! mon enfant !

Adèle sortit, tout à fait ahurie, et se rendit chez le fils du charcutier, à qui, je le dis tout de suite, la proposition agréa absolument.

Pendant ce temps, Cucuron continuait son manège, lâchant à tout moment ses invités, montant, descendant, traversant le jardin, tournant comme une bête dans sa cage, sans qu'on pût même l'aborder, et répétant tout bas avec de grandes colères. Imbécile de Théophile ! Il n'aura pas reçu ma lettre ! Ah ! les amis qui découchent ! ne m'en parlez jamais !

Le cuissot avait vécu. Aucun plat ne lui succédait sur la table et les convives de M. Cucuron commençaient à trouver la plaisanterie un peu longue. Quelques-uns se dévouèrent pour aller voir eux-mêmes à la cuisine. Des artichauts à la barigoule mijotaient avec de petits sanglots. On ne pouvait cependant pas se servir soi-même ou manger sur place dans les casseroles !

— Crétin de Théophile ! continuait à murmurer Cucuron, toujours agité, en serrant les poings. Elle qui aime tant le gâteau de riz !

IV

Un bruit de voiture. Adèle a fait merveille de prestesse. Le fils du charcutier aussi. Tasie, qui attendait furieuse à la gare, avait repris un peu de bonne humeur en chemin. On était arrivé à fond de train. Tout le mal était réparé :

— Monsieur et madame Pétalas! fit Cucuron triomphant en présentant à ses hôtes les nouveaux venus.

Le faux ménage Pétalas s'excusa du retard avec infiniment de bonne grâce et se mit à table avec beaucoup d'empressement. Adèle, revenue, recommença pour eux un service supplémentaire. C'est qu'il n'était pas mal du tout dans ses habits du dimanche, le jeune tueur de pourceaux. Et Anastasie, très décolletée, le reluquait de façon à inquiéter sourdement Cucuron.

— Voilà un jeune couple qui paraît bien uni! murmura la nièce Piédamour.

— De jeunes époux, fit Cucuron, tout en leur montrant de méchants yeux.

Il était resté du potage, du turbot et du cuissot. Tasie et son époux mensonger firent un sort à ces reliefs avec un appétit admirable.

— Comme la lune de miel donne faim! hasarda le neveu Fougasse.

Cucuron, qui entendit, ne trouva pas la plaisanterie de bon goût.

— Ne vous gênez pas pour nous! fit la cousine

Trouminard. Nous savons ce que c'est que les nouveaux mariés !

— Le diable emporte la bougresse ! grommela Cucuron que tout cela n'amusait plus. Car le garçon charcutier prenait très au sérieux son rôle et avait pour Tasie des attentions d'une intimité !...

— Enfin, pensait Cucuron, je m'en suis tiré tout de même.

Un coup de sonnette retentit. Adèle courut ouvrir. Un homme entra rapidement. C'était Théophile qui, en réalité, avait manqué deux ou trois trains. Mais il avait bien reçu la lettre de Cucuron ; mais il était parfaitement édifié sur son rôle. Car son premier soin fut de se précipiter vers Tasie, de l'embrasser avec effusion, de lui donner de : Ma chérie ! de lui demander pardon d'être en retard, et de se présenter ainsi :

— Ma femme ! messieurs ! ma chère femme ! mon épouse adorée que je devais amener et que je n'ai pas pu rejoindre.

Le pauvre diable croyait ainsi tout réparer. En vain Cucuron lui roulait des yeux épouvantables. Il ne comprenait pas ! Il allait toujours ! Les convives étaient littéralement hébétés. Le garçon charcutier, dont la situation devenait intolérable, était rouge de colère.

— Mon oncle, fit en se levant avec dignité la nièce Piedamour, on nous avait bien dit que vous étiez un vieux drôle, mais je n'aurais jamais pensé que vous auriez poussé le mépris de votre famille jusqu'à la faire dîner avec des bigames ! Sortons, mes cousines, sortons !

— Animal! fit l'infortuné Cucuron en courant sus à Théophile, également abasourdi.

La retraite de la famille se fit au milieu de quolibets odieusement offensants pour le pauvre Cucuron. Théophile, blessé d'avoir été traité d'animal devant tout le monde, cherchait fiévreusement sa carte dans son portefeuille, pour la jeter au nez de Cucuron. Tasie et le jeune cochonnier avaient profité du désarroi pour aller faire, dans un coin, une petite causette à la Sainte-Menehould... j'entends fort agréablement assaisonnée. Ainsi l'aventure leur profita-t-elle au moins, à eux deux, et c'est déjà beaucoup quand il y a quelqu'un de content.

On dit que M. Cucuron épousa Tasie. Il ne lui restera plus qu'à modifier une seule lettre de son nom.

LES BRIGANDS

LES BRIGANDS

I

L'amiral écarta, par avance, son pouce de son index, tous deux nerveux et tourmentés comme des sarments de vigne ; puis, faisant jouer, de l'autre main, le ressort de sa tabatière, il y puisa une énorme prise, qu'il renifla bruyamment avec le bruit du museau d'un phoque qui replonge. Après quoi, il fit tressauter par trois ou quatre fois, dans sa main, la petite boîte d'or, dont les arêtes s'allumèrent de sillons de feu aux lumières des bougies.

— Vous avez là une belle tabatière, amiral, fit la commandante.

Le vieux coquet, tout en secouant la poudre brune dont il avait semé le devant de sa chemise, tendit l'objet à madame Laripète, qui le considéra avec une curiosité de connaisseuse.

— Elle est décidément superbe, fit-elle. D'une forme tout à fait heureuse, guillochée avec infiniment de goût, et le petit émail bleu qui orne le milieu est une vraie merveille. Tiens ! elle porte une couronne et un chiffre qui n'est pas le vôtre : un R. et un P.

— Montre donc, dit Laripète à son tour, en tendant la main vers sa femme qui lui passa le sujet de son précédent commentaire.

Le commandant le retourna plusieurs fois, l'approcha des flambeaux pour le mieux regarder, hocha la tête comme s'il donnait un assentiment mental à sa propre pensée, enfin, avec un sourire de satisfaction sur les lèvres :

— Où as-tu acheté ça ? demanda-t-il à son vieux compagnon.

— Cette tabatière ? Tout simplement à l'Hôtel des Ventes, répondit le marin avec une feinte bonhomie, et je l'ai payée une misère : dix louis. Le poids de l'or simplement. Et je te ferai remarquer qu'elle est de dimensions respectables. Elle contient deux sous de tabac.

Et tu ne sais pas d'où elle provient ?

— Je m'en moque absolument. L'essentiel est qu'elle garde tout à fait frais le pétun (ainsi disait-on au grand siècle) que je lui confie. Je la comparerais volontiers à une cave où s'améliore le vin. Et puis qu'est-ce que ça te fait, à toi aussi, animal ?

Est-ce que tu en connais mieux que moi l'origine ?

— Peut-être, fit Laripète très sérieusement, et je me tromperais fort si cette tabatière ne provenait pas de la succession du baron de Peyrolas que je connus beaucoup au Mexique.

Puis, se frappant le front il ajouta :

— J'en vais avoir le cœur net !

Le commandant vida tout doucement le contenu de l'objet sur un journal, ce qui fit éternuer immédiatement la commandante. Puis il considéra attentivement l'intérieur de la boîte et, y lisant une date écrite en très petit avec la pointe d'un canif, sans doute, il ajouta triomphalement :

— Maintenant, j'en suis sûr !

— Eh bien ! Après ?

— Eh bien ! Cette tabatière a une histoire que, seul, je vous puis conter et qui est la plus intéressante du monde.

— Conte-la donc, bavard ; mais auparavant réintègre mon scaferlati (c'est le mot scientifique et administratif) dans son enveloppe.

Le bon Laripète obéit, ce qui fit éternuer une seconde fois sa femme. Puis, il continua comme il suit

II

J'étais lieutenant, en ce temps-là, — et ce n'est pas d'hier — nous étions de plus au Mexique, comme je viens de te le dire. Fichu souvenir pour les politiciens, mais assez agréable aux militaires. Je n'ai jamais vu de plus belles femmes.

— Onésime ! fit la commandante.

— Et j'étais un foudre de guerre dans ce temps-là..

— Vous avez bien changé ! soupira madame Laripète.

— Laissez-le continuer, commandante, fit l'amiral. Il nous ennuiera moins longtemps.

Encouragé par la bienveillance manifeste de son auditoire, Laripète ne se le fit pas dire deux fois.

— Donc nous menions une vie de Cocagne, tout en préparant la débâcle de l'excellent Maximilien, qui était un herboriste remarquable mais un souverain très imparfait. Pendant ce temps-là, on ne tarissait pas, en France, sur nos victoires. Je ne sais pas pourquoi les gouvernements se donnent la peine d'envoyer au loin des corps expéditionnaires pour satisfaire au besoin de gloire qui caractérise notre pays. Tout cela pourrait se simuler parfaitement, avec un service de presse bien fait. On inventerait un pays dont on effectuerait fictivement la conquête. Des bulletins de succès enthousiasmeraient tous les jours l'opinion publique et tout le monde serait content. Ce genre d'agrandissement ne donnerait aucune inquiétude aux nations voisines et, pendant ce temps, on enverrait tout simplement à des eaux reconstituantes et purgatives l'armée partie en grand appareil de combat et destinée à revenir sous des arcs triomphaux. Ça vaudrait mieux que le Mexique, voire même que le Toukin...

— Sceptique ? grommela l'amiral avec indignation.

— Onésime, vous êtes un mauvais patriote ! fit avec dégoût la commandante.

— Non ; mais je me préoccupe de la vie du soldat qui ne sera en sûreté que quand on fera la guerre pour rire et simplement pour amuser les aspirations militaires des nations. Mais que me voilà loin du baron de Peyrolas et de sa tabatière!

— Non, de la mienne! fit le Kelpudubec, en puisant une seconde prise qui s'engouffra avec un indicible sanglot nasal dans les profondeurs de son organe olfactif.

III

— Ce baron de Peyrolas était un Toulousain, — il y en a de fort spirituels dans le nombre, — un homme tout à fait charmant, mais de nature aventureuse et qui avait déjà mangé une fortune considérable à des entreprises sans raison. Il pouvait avoir une cinquantaine d'années en ce temps-là, et portait, dans toute sa personne, un grand cachet de race et de distinction. Madame Peyrolas, qui ne le quittait jamais. — jamais je n'ai vu un ménage plus uni — avait peut-être dix ans de moins que lui, peut-être même davantage. En tous cas, c'était une agréable personne, fort en chair, de caractère avenant, vraisemblablement fort aimable au déduit, comme disaient nos pères ; — en un mot, une dame de compagnie diurne et nocturne, tout à fait conçue pour la félicité d'un homme de bien, comme était son mari. Que diable étaient venues faire au Mexique ces bonnes gens! Ah ! parbleu ! ils avaient cru aux blagues des gens de finances qui comptaient alors qu'au Mexique les petits enfants jouaient sur les places avec des billes en pépites d'or. Ils sont comme cela, dans le midi, enthousiastes et quelquefois naïfs. Il est curieux de voir les menteurs croire facilement à la parole des autres. Chacun d'eux croit, *in petto*, posséder un monopole et ne se défie pas assez des déloyales concurrences. Je vous signale, en passant, cette curieuse observation. Donc le baron et la baronne étaient venus pour refaire leur fortune, et vous allez voir, par ce qui suit, comme ils y réussirent heureusement.

M. de Peyrolas était priseur, grand priseur même ce qui lui permettait de dire que tous les fumeurs étaient des gens malpropres, insociables et des fous. C'est encore une anomalie que je vous signale. C'est une règle à laquelle aucun priseur ne fait exception. Notre homme goûtait une volupté infinie à se gonfler le nez de tabac, et je puis vous dire que, de tous les objets de famille qu'il avait emportés, sa tabatière était certainement le plus précieux pour lui.

Or, un jour, nous nous rendions à Mexico par un chemin magnifique, mais tout à fait mal fréquenté. Aux portes mêmes de la capitale, en effet, les brigands faisaient main basse sur les diligences et détroussaient cyniquement les voyageurs. Ces misérables avaient coutume de dépouiller ceux-ci de leurs vêtements et de les renvoyer ensuite à destination nus comme des vers. C'était abominable, en principe, mais pas ennuyeux du tout quand on était avec des dames...

— Onésime, fit la commandante, vous devenez licencieux!

— J'avais toujours rêvé de voir madame la baronne de Peyrolas dans ce costume rudimentaire, mais j'aurais préféré pour cela une occasion moins tragique que celle qui me permit de satisfaire ce noble et naturel désir. Nous nous rendions donc à Mexico et nous n'étions pas à deux lieues de la ville qu'une bande de ces coquins fondit sur nous et, très poliment, mais des pistolets à la main, nous invita à mettre nos habits au vestiaire. Il n'y avait pas à résister. On ne nous laissa pas même un lambeau de flanelle sur le corps. Ce que madame de Peyrolas était bien ! La pauvre femme rougissait et cherchait à se faire à la fois de ses deux mains une jupe, une crinoline et une paire de lunettes bleues. C'est plus qu'on n'en peut demander aux personnes les plus adroites de leurs doigts. Elle ne couvrait saint Pierre dodu ! (oh ! le joli saint Pierre dodu !) que pour découvrir saint Paul (oh ! le petit saint Paul mignon !). Je n'insisterai pas sur ce curieux chapitre et si édifiant de la vie des seins. Hum ! voilà un joli jeu de mots ou je me trompe joliment.

— Vous vous trompez, Onésime, fit avec dédain la commandante.

IV

Suivant l'usage de ces singuliers garçons de bain, on nous avait refourrés tout nus dans la voiture, et fouette cocher ! Madame de Peyrolas se fit une écharpe avec le cuir d'une portière, et je me taillai un pantalon dans un cabas qui pendait aux parois du coupé. Les autres s'étaient remis en toilette comme ils avaient pu. Mais personne n'était en tenue de soirée. Et puis nous n'avions pas le cœur au cotillon! Tout notre argent nous avait été volé par ces pédicures de grand chemin. Personne n'avait plus une piastre, un liard, un sou! Seul, le baron de Peyrolas n'avait pas l'air autrement déconfit.

— Avez-vous donc pu leur cacher quelque chose? lui demandai-je tout bas.

— Chut! fit-il, rien qu'un rouleau d'or que voici.

— Mais comment? où l'avez-vous fourré?

— Ah! ah! fit-il en riant, vous êtes bien curieux. Eh bien, ce serait le cas de répéter avec l'empereur Vespasien que l'argent ne sent jamais mauvais.

Je craignis de comprendre.

Et le baron de Peyrolas ajouta en jetant sur la baronne un indicible regard de reconnaissance ; il ajouta tout bas, et plus mystérieusement encore :

— Ma femme, elle, a sauvé ma tabatière !

— Pouah ! fit l'amiral en remettant brusquement la jolie boîte d'or dans sa poche.

— Grand dégoûté! conclut le commandant en se pourléchant la moustache.

GUIBOLLET

GUIBOLLET

I

Comme j'aurais beau jeu à insinuer, pour augmenter l'intérêt de cette histoire, qu'elle date d'hier à peine et que, sous des pseudonymes opaques, il est vrai, les personnages appartiennent à la vie parisienne contemporaine! Un scandale sous de faux noms! Une délation sans danger correctionnel! Quelle aubaine, mes enfants, quelle aubaine pour un chroniqueur amoureux d'actualités! Mais je ne suis pas de cette studieuse école. J'aime infiniment mieux imaginer que chercher autour de moi. Ceux qui s'entêteraient à chercher des visages connus sous mes masques en seraient pour leurs frais. Il n'y a, dans ma petite comédie, ni masques ni visages, mais des êtres purement imaginaires. Je leur prête, il est vrai, des sentiments que je crois humains et réels. Et tels je les crois plus vivants que les vivants eux-mêmes, et plus actuels aussi. Car tout ce qui est possible a été ou est ou sera. Et qui vous dit que l'aventure que je suis en train de vous narrer ne se passe pas en même temps que je l'écris ou ne se passera pas demain seulement? En ce cas, je défie un reporter juré de lutter de vitesse avec moi. J'interviewe l'avenir lui-même. Il n'est de vrai que ce qui l'est toujours et la bêtise humaine est le fond même de la vérité. Avec ses passions, ses vices, ses mesquineries de nature, l'homme est immuable. C'est même ce qui lui a fait dire qu'il était fait à l'image de Dieu. Mais Dieu a été certainement beaucoup plus changeant que lui. Il fut tour à tour très doux dans les mythologies païennes, horrible et tyrannique dans la Bible, et c'est maintenant, pour tout le monde, un bonhomme assez tolérant qui s'ennuie dans l'éternité. Ça se comprend. Il doit y avoir si peu de femmes au Paradis ! L'homme n'a pas eu de ces revirements de tempérament seulement permis à son auguste créateur. Il est demeuré une bête cruelle aux autres bêtes, souvent impitoyable à soi-même, gobant les belles paroles comme des mouches, vaniteux en diable, victime éternelle sous le fouet sanglant de l'amour. Un seul mannequin — le squelette — sur lequel la mode, le temps et tout ce qui passe jette des draperies de formes diverses, essaye des habits différents. Mais sous l'étoffe, toujours la même ossature raide et inflexible. Ce qui fait l'individu n'est rien de plus qu'une perruque sur la tête de bois qui figure aux vitrines du coiffeur. Ne prenons pas ce toupet au sérieux.

Tout ceci est pour m'excuser de ne point emprunter mes personnages à la vie réelle, et de les croire néanmoins aussi réels que les plus célèbres passants. Je n'en prends pas moins le ton entendu des écrivains qui semblent toujours dire au lecteur : « Hein ! Hein ! Est-il ressemblant ? Vous l'avez reconnu déjà, pas vrai ? » Eh bien, celui qui reconnaîtra quelqu'un dans mes portraits sera un rude malin. Je le dis une fois pour toutes.

II

Et je commence comme les autres, toutefois.

Vous avez tous connu certainement Guibollet, ce excellent Guibollet, cette fleur de Bohême largement épanouie dans le parterre parisien, dont la flore est la plus multiple et la plus variée du monde entier. Guibollet, un grand dégingandé qui avait gardé toutefois des façons de demi-gentilhomme, car il avait été élevé dans le même pensionnat demi-religieux que le célèbre député Lenflé du Flan, dont le dernier discours a produit sur la Chambre une impression si vive. Vous vous rappelez, maintenant ? Tout le monde éternuait dans le Parlement. Lenflé du Flan se leva, et, la main tendue en avant comme Mirabeau, il s'écria : « Huissier, mais fermez donc la fenêtre ! » Ce fut sa seule manifestation oratoire durant les trois ans de législature qu'il a parcourus déjà. Elle lui a permis d'affirmer, pendant ces vacances, à ses électeurs, qu'il n'avait en rien compromis la dignité de sa parole. On le renommera certainement. Ils sont rares, ceux qui parlent si peu et si à propos. Puisque nous ne pouvons arriver immédiatement à cet idéal du député qui s'appelle le sourd-muet, au moins faut-il rendre justice à ceux qui s'en rapprochent le plus. Lenflé du Flan, le brave Lenflé du Flan, est certainement de ceux-là. S'il met, comme Démosthène, des cailloux dans sa bouche, c'est vraisemblablement pour s'empêcher de parler. Quand j'aurai ajouté qu'il est un peu chauve, un peu ventru, mal monté sur jambes, tandis que son ancien camarade Guibollet est encore chevelu, assez mince et bien campé sur de hautes cuisses, vous m'aurez déjà murmuré leurs vrais noms à l'oreille. Mais, vous savez, je n'ouvre pas celle-ci à votre confidence. Je la porterais plutôt emplie de cire comme féu Ulysse, qui se permettait, après cela, — un vrai comble, — de traiter ses compagnons de cochons !

Les hasards de la vie avaient absolument séparé les deux anciens camarades de classe. Lenflé du Flan est, vous le savez comme moi, puisque vous l'avez immédiatement reconnu, — un homme austère, de vertueuse réputation, un peu clérical et qui tient pour l'autel parce que l'autel est près du trône. Il ne fréquente que la meilleure compagnie, des ingénieurs, des académiciens, des chefs de division.

Il est dans les solennités des relations mondaines jusqu'au cou. Sa femme tient un salon où l'on cause extinction du paupérisme et poésie. C'est du vrai monde, du vrai monde où l'on s'ennuie quand on n'est pas un sot. Notre honorable habite un hôtel dans le quartier des Champs-Elysées et y pourrait prendre pour enseigne : « Au rendez-vous des habits noirs. » Je sais cela, sans avoir jamais été chez lui, parce que je m'embête énormément dans les endroits de ce genre. Faut-il l'avouer? Je risquerais plutôt de rencontrer souvent Guibollet qui est infiniment moins raffiné dans le choix de sa société et qui se contente de blaguer avec des gens de plume ou de pinceau, poètes ou rapins très dénués de pignons sur rue. Vous savez qu'il est amusant, Guibollet, avec ses paradoxes et son bon scepticisme de brave homme. Il a deux vertus théologales sur trois : la Charité et l'Espérance. On ne peut pas être parfait.

Lenflé du Flan lui fait de petits saluts protecteurs quand il le rencontre, auxquels Guibollet répond par un bon sourire qui pourrait bien signifier : Est-il bête tout de même, ce sacré Lenflé du Flan !

III

La surprise de Guibollet ne fut donc pas mince, hier — hier vous semble-t-il suffisamment actuel? — quand Lenflé du Flan, déjà rentré à Paris depuis un mois — car il est d'une commission, au moins, celui-là ! — lui vint serrer la main en plein boulevard et lui passer affectueusement son propre bras sous le coude.

— Ce vieux camarade !

— Cet excellent compagnon !

On causa un peu de ses anciens maîtres d'études pour se mettre au diapason. La mémoire de Lenflé du Flan sonnait assez faux, mais celle de Guibollet était merveilleusement juste et fidèle.

— Ecoute, fit tout à coup le député, j'ai un service à te demander.

— Lequel, bon Dieu ! s'écria Guibollet.

— Un service délicat, mon cher, et qu'un vieil ami comme toi me peut seul rendre. Car à toi seul oserai-je avouer que, comme presque tous les hommes, j'ai mes faiblesses. Si tu connaissais ma femme, tu me blâmerais bien plus encore...

— Malheureux ! tu tromperais madame Lenflé du Flan !

— Oui, je la trompe et j'en suis confus, d'autant plus qu'elle est merveilleusement belle et bonne et que sa haute vertu ne me laisse même pas le mérite de braver de légitimes représailles. Un dragon de sagesse, la plus rare espèce de dragons.

— Ce que tu fais là, mon ami, ne me semble pas d'une extrême délicatesse.

— Oh ! blâmé par toi, Guibollet ! Où trouver alors de l'indulgence.

— Va au fait.

— Eh bien ! j'ai une nouvelle maîtresse qui ne me peut recevoir chez elle. Je ne me risquerais pas volontiers dans un hôtel où ma grande notoriété me pourrait faire reconnaître. Il faudrait qu'un ami, qu'un fidèle ami comme toi et disposant d'un petit appartement de garçon, me le prêtât aujourd'hui, seulement pendant deux heures. C'est à quoi je pensais quand le hasard m'a mis sur ton chemin. Maintenant, Guibollet, tu connais tous les secrets de mon âme. Es-tu l'être dévoué que je cherche ?

— Peut-être. Mais à quelle heure est ton rendez-vous ?

— Quatre heures.

— Alors désolé.

— Tu refuses ?

— J'attends moi-même, à quatre heures justement, une grande dame qui m'honore de sa confiance, comme on dit dans les relations odontalgiques.

— Une grande dame ! Peste ! Et elle s'appelle...?

— Dis donc, Lenflé, pour qui me prends-tu ? Et puis, je n'ai à lui faire aucun mérite du silence que je garde en cette occasion. Une aventure tout à fait curieuse, mon cher. Une causerie ébauchée autour des Achantis, au Jardin d'acclimatation. Etait-ce le tiède soleil d'automne qui mettait un peu de mélanlancolie dans l'âme de ma belle inconnue ? Toujours est-il qu'on se quitta en se promettant de se revoir et qu'on se revoit... souvent, trop souvent même. Car je n'aime pas les liaisons qui s'éternisent, même avec des personnes qui n'ont pas poussé avec moi la familiarité jusqu'à me révéler leur état civil et leur nom.

— Vrai, Guibollet, tu en as assez de ta grande dame ?

— Il y a des moments où je crois que oui.

— Eh bien! alors, Guibollet, mon bon Guibollet, ne me sois pas impitoyable! Quelle occasion de rompre pour toi. Va, tu as bien raison de ne pas vouloir de chaînes éternelles! C'est des bêtises, tout ça. Le charme réel de l'amour est dans un continuel renouveau. Sois inconstant, mon brave, infidèle et coureur...

— Lenflé!

— Je t'étonne, hein! Eh bien! je suis comme ça. On ne me connaît pas! Nous sommes tous comme ça à la Chambre. Jamais la France n'a possédé un si joyeux Parlement. Tous noceurs et bons enfants. Nous nous fichons absolument de la politique Ah! Guibollet, mon doux Guibollet, c'est moi qui te sauve aujourd'hui. C'est toujours très difficile de rompre avec une femme et je t'apporte une occasion inespérée de recouvrer la liberté. Prête-moi ta chambre, mon bien-aimé Guibollet, et écris à cette insupportable personne, à ce vampire...

— Oh! tu exagères!

— On ne sait pas jusqu'où ça va les amours qui se prolongent. Ecris-lui. Non, fais mieux, — télégraphie-lui qu'elle n'ait pas à se rendre au rendez-vous que tu lui avais donné? N I ni, c'est fini... Ah! mais, j'y pense.

Et Lenflé du Flan se frappa le front avec désespoir. Puis il reprit :

— Mais puisque tu ne sais pas son nom, tu ne saurais lui télégraphier ni lui écrire.

— Enfant! murmura Guibollet avec pitié.

— Comment, enfant! J'ai cinquante-trois ans! et toi aussi.

— Nous avons une confidente mystérieuse, une obscure complice qui reçoit ma correspondance sous son propre nom et la transmet à qui de droit.

— Alors, cela est possible ?

— Parfaitement.

— Et tu consens ?

— Ma foi ! oui, répondit Guibollet, après un moment d'hésitation. Toujours le même duo !... Je ne suis pas en voix aujourd'hui. Voici ma clef et l'adresse : cent quarante-six, rue Monsieur-le-Prince, au troisième, la petite porte à gauche, une patte de biche pour sonnette. Je vais prévenir bien vite ma bonne amie, qui a l'autre clef, de ne pas se déranger.

— Ah ! mon Guibollet, merci !

— Mais non ! c'est moi qui suis ton obligé, puisque c'est toi qui me délivres.

IV

Tout a réussi à souhait. M. Lenflé du Flan est enfermé dans le délicieux buen-retiro avec ce que nos grands-pères appelaient : sa conquête. Expression plaisamment ironique, de vous à moi. Nous avons l'habitude de conquérir les femmes à peu près comme l'Alsace a conquis la Prusse. Le député jubile. Permettez-moi de n'insister en rien sur ce jubilé-là. Cette fois-ci, toutefois, je ne vous mets plus au défi de deviner ce qu'il faut entendre sous l'obscurité volontaire de mes paroles. Je pourrais vous offrir là un petit morceau de lasciveté alléchante. Mais ce sont goût de vieux qu'il ne me plaît nullement de satisfaire. Comme je suis le plus actuel des conteurs, j'entends être aussi le plus moral. L'ombre de Berquin me hante. Je détourne, avec une pudeur exquise, les yeux de cette chambre où les feux follets de l'adultère se rallument, s'éteignent et tournoient comme de nocturnes et phosphorescents papillons. Où en étaient-ils du cérémonial indiqué par tous les bons manuels de civilité, en pareille occurrence? Je n'en sais rien absolument, mais je sais que la porte s'ouvrit d'une façon inattendue et qu'un cri de femme : Ah ! misérable ! retentit sur le seuil.

C'était madame Lenflé du Flan en personne qui faisait irruption.

C'est que madame Lenflé du Flan était précisément la mystérieuse maîtresse de Guibollet et qu'elle n'avait pas reçu à temps la dépêche de contre-ordre. Mais comme c'était une femme infiniment ingénieuse et spirituelle, elle ne perdit pas une si belle occasion de donner le change à son coupable époux.

— Ah! reprit-elle, misérable ! Il y a longtemps que je vous suivais, parce qu'on m'avait tout dit !

Lenflé du Flan se jeta aux genoux de son épouse irritée. Mais celle-ci fut inflexible. Elle le menaça si fort d'une action en divorce qui eût fait un scandale abominable, qu'il lui a payé, ce matin même, pour la calmer, une paire de brillants qu'il lui refusait depuis deux ans. Ces brillants, vous les connaissez comme moi. Ils faisaient l'honneur de la vitrine d'un bijoutier qui ne me pardonnerait pas lui faire une réclame en le désignant plus clairement.

MOTS POUR RIRE

I

Comme on parlait de la gaieté, en général, laquelle me paraît toujours la plus précieuse chose qui soit au monde, j'entrepris de la gaieté méridionale, en particulier, un panégyrique tout à fait enthousiaste et sincère. Je la montrai fille du soleil, les cheveux couronnés de vendange, très brune avec les yeux noirs et des dents blanches, n'aimant de fleuves que la Garonne et le Rhône vauclusien.

— Ah! si vous connaissiez Toulouse! leur disais-je, Toulouse dont je me veux croire enfant pour ce que j'estime qu'un des droits de l'homme (si vous croyez qu'on les a tous déclarés sous la Révolution !) est de se choisir une patrie suivant son cœur. Oui, si vous connaissiez Toulouse ! Mais l'esprit joyeux y court les rues, sautillant à la pointe des pavés qui vous entament les talons et qui eussent rendu cette belle cité inhabitable au divin Achille ! Tous plaisants, mes amis de là-bas ! Tous pétillants de belles et franches réparties. La vérité est que je n'ai connu qu'un seul Toulousain qui fût un sot. Mais aussi celui-là l'est-il pour tout le monde. Ce n'est pas seulement un sot, mais le sot. Aussi n'est-il pas resté dans le pays. Ses compatriotes lui ont cherché à Paris une situation artistique superbe uniquement pour se débarrasser de lui. Le gros vaniteux qui s'imagine que c'était pour rendre hommage à son mérite ! Mais non ! c'était pour se délivrer d'un fâcheux ! De temps en temps lui permettent-ils seulement de revenir dans la ville ou dans les environs. Mais alors, ce qu'ils daubent sur mon Gailhard ! Oui, Toulouse, à cette remarquable exception près, est composée de gens tout à fait aimables et hilares. Ah ! les bonnes journées que j'y ai passées à écouter ce joli bavardage gascon, imagé souvent comme une langue orientale et qui, pareil à la rivière qui court aux pieds de la Daurade, roule un bruit de mensonges et de cailloux.

— Il n'y a de vraie gaieté que dans le midi de la France, concluai-je. Il est vrai que je fais commencer celui-ci au doux pays de Touraine qui était celui de mon benoît maître (Dieu ait son âme pour ne se pas ennuyer soi-même au Paradis !) Rabelais !

— Vous allez un peu loin, dans votre exclusivisme patriotique, me dit en souriant mon ami Yvan Migueloff, un des plus aimables Russes que je connaisse à Paris où il y a beaucoup de Russes aimables.

II

— Oui, mon cher ami, vous vous trompez, continua mon gracieux contradicteur. La gaieté est de tous les pays où l'on boit et où l'on aime. C'est une fleur de neige aussi bien qu'une fleur de soleil. Vous n'imaginez pas ce que nos paysans sont drôles là-bas, ces conducteurs de traîneaux emmitouflés dans de vulgaires fourrures. Mais dans nos villes même on plaisante volontiers. Ce n'est pas, j'en conviens, le même entrain que dans votre Gascogne ou dans votre Provence. On y est moins joyeux de la vie parce qu'il y fait plus froid. Mais le sens comique n'y existe pas moins et le besoin de rire « le propre de l'homme » comme l'appelait votre grand Tourangeau, est de notre race absolument comme de la vôtre. Je ne connais que l'Allemand qui se puisse passer de ce piment qui fait, seul, de l'instinct un mets supportable. Encore les Germains font-ils semblant de rire quelquefois, pour imiter tout le monde ; seulement, quand on lit leurs comédies ou leurs œuvres légères, il est impossible de deviner pourquoi. A mon avis, ils n'en ont que plus de mérite et cette concession à un usage universel est un des rares exemples de bon goût qu'ils aient donné à l'humanité. Leur rire d'ailleurs, comme tout ce qu'ils font, est un rire militaire. Il s'exécute par divisions, par régiments et par pelotons comme le reste. Il dégage même un petit bruit d'artillerie qui est inquiétant pour les voisins.

Mais nos citadins russes sont de tout autre tempérament, et je vous veux conter une aventure — non ! ce terme est trop ambitieux pour un récit aussi rapide — mais une série de mots que je vous garantis authentiques et qui me semblent porter en eux un certain parfum de drôlerie. Sachez d'abord qu'il y avait, de mon temps, à Moscou, un homme dont s'amusait la population tout entière. Vous me direz que cela n'était pas généreux. Mais vous excuserez cette bonne humeur publique et ce caprice de la raillerie quand j'aurai ajouté que M. Vermischtein possédait une fortune insolente, qu'il passait pour avoir acquise en pratiquant l'usure avec infiniment de succès. Voilà qui diminue un peu l'intérêt que vous octroyez imprudemment à sa personne. Il avait pour ennemis naturels tous les fils de famille qu'il avait obligés autrefois. Mais le plus implacable était un officier de marine, le capitaine Prowski, qu'il avait prodigieusement aidé à manger en herbe un bien que celui-ci regrettait infiniment. Ce Prowski était un farceur à froid, d'une irréprochable tenue, un pince-sans-rire redoutable et qui affectait toujours, vis-à-vis de l'infortuné Vermischtein, une courtoisie affectueuse dont celui-ci n'était plus dupe et dont l'usurier avait plus grand peur que des bruyantes plaisanteries dont il était, en tous lieux, l'objet. Le début des fumisteries de Prowski à son endroit avait toujours quelque chose de solennel qui préparait la galerie à s'épanouir davantage, comme un jet d'eau qu'on a comprimé. Je comparerais volontiers ce procédé à celui de cette musique savante qui accumule les plus arides et les plus rebutantes difficultés au commencement d'un interminable morceau, pour vous mieux faire apprécier l'éclaircie rapide d'un rayon de mélodie glissant un peu de lumière dans ce fatras embroussaillé, et sollicitant, à la coda, un soupir de soulagement que les naïfs prennent, seuls, pour une expression de plaisir. Aimer est un plaisir, boire aussi un verre de vin vieux ou encore pêcher à la ligne. Mais cesser de recevoir le fouet n'en est pas un. C'est une simple délivrance, la fin d'un laborieux accouchement.

Donc, ce Vermischtein, à qui vous conservez, malgré moi, une sympathie bien déplacée, passait sur la place, enveloppé dans de coûteuses peaux de bêtes (il n'avait pas besoin de se fourrer au dehors pour en porter une ; mais j'ai remarqué que le goût de cette parure hivernale était exaspéré chez les gens qui s'en pourraient le mieux passer), rond comme une boule de poils et le chapeau en casseur. Car il s'était promis de ne plus laisser vilipender avec tant de patience, et il avait résolu de montrer enfin aux plaisantins ses dents, lesquelles étaient, chez lui, fort longues et d'un beau ton de safran, comme s'il ne se lavait la bouche qu'avec des bouillabaisses. Tout à coup, le capitaine Prowski se dressa devant lui. L'usurier fit un recul de méfiance ; mais le capitaine avait l'air tout à fait souriant et bon enfant :

— Quelle heure avez-vous à votre montre, mon cher monsieur Vermischtein ? lui demanda-t-il d'un ton affectueux.

— Deux heures, mon cher monsieur Prowski, répondit froidement Vermischtein, après avoir tiré de son gousset un magnifique joyau d'horlogerie tout orné de fines pierreries.

— Eh bien ! à six heures, mon cher monsieur Vermischtein, je me ferai un plaisir de vous faire embrasser mon... gaillard d'arrière.

Et le capitaine disparut en courant comme un dératé.

Vous comprenez, n'est-ce pas, ce que j'entends, dans ce pudique et congru récit, par : gaillard d'arrière ? C'est la partie du corps sur laquelle s'asseyent les magistrats et même les autres hommes. Il se faut toujours entendre sur le sens des mots pour éviter les amphibologies. Si je vous avais dit : Gailhard d'avant, peut-être auriez-vous cru qu'il s'agissait d'un célèbre savetier. Mais non, ce sont belles expressions maritimes qui me servent à éviter les mots dont on dit à tort qu'ils sont propres, dans certains cas.

III

Ah ! mes enfants ! A ce propos malséant toutes les fureurs de Vermischtein se réveillèrent. Un instant étourdi par cette grossièreté inattendue, il tourna trois fois sur place, comme un lièvre qui reçoit du plomb quelque part ! Et, pan ! comme une flèche qui fend l'espace, — mieux, comme une boule qui suit une descente, — il se précipita sur la trace de cet impertinent Prowski, bien décidé à lui demander raison de cet injurieux propos.

Au tournant d'une rue, il se précipita dans les jambes de son voisin le tailleur Zoukine, qu'il faillit jeter à terre.

— La peste soit du maladroit ! fit celui-ci.

Puis quand il l'eut reconnu :

— Où diable courez-vous ainsi, mon cher monsieur Vermischtein ?

Vermischtein essoufflé, rouge, haletant, n'en pouvant plus, lui conta la chose aimable que le capitaine Prowski lui avait dite, et sur un accent d'indignation !

Mais le sensé Zoukine, cherchant de son mieux à le calmer :

— A six heures ? vous a-t-il dit.

— Oui, à six heures ! répondit l'usurier exaspéré.

Alors, regardant une horloge publique et retenant Vermischtein par son patelot, avec un bon sourire sur les lèvres :

— Eh bien ! mon cher monsieur Vermischtein, vous avez tort de vous presser, car vous avez encore deux heures trois quarts devant vous !

LE CHAPEAU

LE CHAPEAU

I

— Oui, vieille bête ! fit violemment Le Kelpudubec, cite-moi donc un seul art qui soit actuellement en progrès.

— Ce n'est pas assurément celui de la galanterie, répliqua Madame Laripète ; car je ne sais rien de plus discourtois que de traiter comme vous le faites un mari devant sa femme. Le commandant n'est pas fort, il est même extrêmement borné. Mais ce n'est pas une raison pour l'appeler : vieille bête, en ma présence, à tout propos.

— Merci, ma chérie ! fit Laripète en prenant la main que lui tendait affectueusement sa femme. Peut-être y avait-il eu, cette nuit-là, dans leur lit, un rayon de lune de saint Martin. Et le bon commandant continua :

— Tu exagères d'ailleurs, mon bon ami.

— Ah ! j'exagère ! reprit le vieux loup de mer. Est-ce la sculpture donc qui te paraît meilleure aujourd'hui qu'au temps de l'immortel Phidias et compareras-tu les statues de femmes qu'on nous exhibe aujourd'hui aux merveilles de la statuaire antique, laquelle a consacré, pour l'éternité, les types de la beauté et de la noblesse.

— C'est peut-être la faute des femmes d'aujourd'hui, hasarda le commandant.

— Ah ! c'est à votre tour d'être malhonnête ! fit la commandante avec un geste froissé.

— Prenons maintenant la peinture, continua inexorablement l'amiral. Est-il possible de rapprocher les toiles qui se fabriquent de nos jours des admirables peintures qui firent l'honneur de l'Italie et de l'Espagne, au midi, et de la Hollande, au nord ?

— *Laudator temporis acti !* murmura Laripète qui aimait bien à lâcher, dans la conversation, son petit bout de latin. J'aime autant Henner que le Corrège.

— Et l'architecture ! poursuivit l'infatigable détracteur. D'un côté le Parthénon et de l'autre le nouvel Opéra !

Pour le coup personne, je dois le dire, ne protesta contre l'insinuation évidemment peu bienveillante pour M. Garnier.

Jacques n'avait encore rien dit. Il roulait lentement des cigarettes sous l'œil toujours affectueux, mais avec une pointe d'ironie dans le regard, de la commandante. Pour qui sait lire le langage obscur des prunelles, cette façon de regarder disait nettement : Eh ! eh ! mon gaillard. A la rigueur on peut se passer de vous ! Décidément, le commandant avait eu un retour. Tout à coup, l'ancien amoureux de madame Laripète prit, à son tour, vivement la parole.

— Eh bien ! moi, je vous dis qu'il existe un art qui est en train d'atteindre des cimes auxquelles il ne s'était jamais élevé.

— Lequel, monsieur ? fit aigrement l'amiral.

— L'acrobatie.

Et Jacques qui était plein de son sujet, — car il adorait les cirques, et ce n'est pas moi qui lui en ferai un crime, estimant qu'une voltige bien faite est plus récréative qu'un opéra chanté comme on nous en chante aujourd'hui. — Jacques continua :

II

— C'est une chose à laquelle on ne prend vraiment pas assez garde. Mais Léotard, qui étonnait nos pères, nous paraîtrait maintenant un enfant. Les gymnasiarques contemporains le dépassent mille fois en souplesse et en intrépidité. Le corps humain se plie aujourd'hui à des fantaisies musculaires que personne n'avait prévues. La devise de Nicollet est celle des inventeurs, dans ce genre curieux. Aujourd'hui, la pantomime n'est plus qu'une occasion à tours de force...

— Et de cela je me plains, fit mélancoliquement la commandante. Car c'était une petite comédie exquise que celle qui se jouait, sans mot dire, entre Arlequin, Colombine et Pierrot, dans un simple décor éclairé d'un rayon de lune. Cette poésie muette était d'un charme adorable, vraiment. Cet art délicat eut ses grands artistes, et Paul Legrand vit encore, le dernier de ces mimes à la fois cyniques et sentimentaux, amoureux et gourmands, grimaçant sous un masque de crème, vêtus de blanc comme des communiantes et délurés comme des démons. Le spectacle qu'il donnait valait, certes, bien les abracadabrantes fantaisies de la pantomime américaine, si fort en vogue maintenant. Qu'on me rende mes jolis personnages italiens qui aimaient sous des treilles enchantées et buvaient les baisers à pleines lèvres, poursuivis dans l'ombre par quelque tuteur rébarbatif ou par quelque mari jaloux.

Je dois dire que tout le monde approuva les sages paroles de madame Laripète.

— N'empêche, poursuivit Jacques, que ces diables d'artistes yankees soient de bien extraordinaires gens. Pour moi qui connais bien ce monde, je vous puis dire qu'ils sont aussi curieux dans la vie que sur leurs planches. Ils affectent volontiers des façons exquises de gentlemen, et vous les prendriez, dans le jour, pour de riches Anglais venus à Paris pour y jeter un peu d'or. De la distinction dans les manières, un parler grave et plein de retenue, rien ne leur manque pour faire illusion. Je sais des gens du meilleur monde qui les fréquentent par goût et s'honorent d'une familiarité avec eux que ceux-ci maintiennent dans les plus discrètes limites. Ce genre de société peut avoir néanmoins des inconvénients, comme le prouve une petite anecdote authentique que je vous vais conter en passant.

III

Le plus fashionable de ces clubmen du trapèze et de la pantomime américaine était un certain Makson, que tout le monde a pu applaudir aux Folies-Bergère, il y a quelques années. Celui-là avait tout à fait de grandes façons, quand il était loin de ses tréteaux. C'était, d'ailleurs, un homme aimant prodigieusement son art et qui avait inventé une quantité de petits trucs, dont le public était prodigieusement diverti. Parmi ces imaginations, la plus curieuse était celle d'un chapeau ayant, au dehors, et même au dedans, l'aspect d'un chapeau comme ceux de tout le monde, d'un chapeau de haute forme, luisant et incommode comme tous les autres. Mais entre le fond et la coiffe était disposée toute une série de petites pièces d'artifice qui faisaient éclater le haut et se répandaient en pétarades et en chandelles romaines, quand un choc violent était donné à l'individu qui le portait... un choc violent venant de bas en haut. Vous avez deviné déjà d'où venait le choc. C'était le classique coup de pied au derrière qui mettait le feu à ces poudres étonnantes. L'effet était irrésistible et Makson lui devait, tous les soirs, un magnifique succès.

J'ai dit que de vrais gentilhommes ne dédaignaient pas de venir causer avec cet acrobate de distinction. C'était l'occasion d'une petite promenade dans les coulisses, à l'heure où les danseuses descendent enveloppées dans des tricots, mais les jambes déjà visibles sous le mensonge rose du maillot. C'est une tenue que je vous recommande. Et cependant je ne suis pas, moi, pour les femmes de théâtre et je leur préfère infiniment celles qui font plus franchement la noce. Mais, s'il me fallait prendre une maîtresse dans ce monde, c'est encore une danseuse que je préférerais. Aucun danger de s'entendre réciter au lit: le songe d'Athalie ou quelque autre morceau littéraire de haute volée. Le sommeil salutaire venant de la fatigue et juste assez de tendresse avant pour que le principe soit consacré. Ce n'est assurément pas l'idéal de l'amour mais c'est plus supportable que le faux lyrisme des déclamantes.

— Voilà, monsieur, une profession de foi qu'on ne vous demandait pas, fit la commandante choquée.

Et Jacques, imperturbable, reprit:

— De tous ceux qui faisaient à ce Makson une façon de cour, le plus assidu était certainement le vicomte Puceau de Courtdéduy, qui ne manquait jamais, avant d'aller au cercle ou de conduire la douairière sa mère en soirée, d'aller faire un tour dans la loge du célèbre mime et d'y causer le plus affectueusement du monde avec lui, pendant que celui-ci mettait en ordre toute sa toilette grotesque et machinée de théâtre, véritable garde-robe de décors humains, ventres postiches, faux crânes... et surtout le fameux chapeau détonant s'allumant, comme les canons, par la culasse. Souvent même prenaient-ils un verre de sherry-brandy ensemble et, pour mieux plaire à son compagnon, le vicomte affectait-il un mauvais accent anglais.

— Ah ! mon Dieu ! fit un soir précipitamment le vicomte ! Dix heures déjà. Je devrais être chez les Hannetonnière ! Adieu, Makson ! Adieu, mon ami !

Et précipitamment, notre godelureau passa son paletot, se coiffa et s'enfuit, tandis que Makson, assis devant une glace, se faisait gravement une tête avec des fards criards et d'un ton vraiment affreux. Car ce qu'on pourrait surtout reprocher à ces caricaturesques pantomimes, c'est une recherche du laid qui en fait vraiment une des gloires du jarret mais aussi une des hontes de l'esprit humain.

IV

Un de la Hannetonnière qui n'eût pas été cocu eût certainement déshonoré toute une grande race. Les la Hannetonnière d'antan ne s'étaient jamais distingués aux Croisades, mais jamais ils n'avaient eu leurs pareils pour porter, en croissant, au-dessus du front, leurs quartiers de noblesse. Les dames les portaient ailleurs, et très copieusement, là où se portent les quartiers de lune, — je ne veux pas dire au ciel, bien que je n'en sache pas où j'aimerais mieux passer mon temps de paradis que celui qui firmamente sous les cercles des jupes. Dieu me donne ce tiède et benoît asile durant l'éternité, si j'ai mérité le pardon de mes péchés ! Vous connaissez maintenant la tradition des la Hannetonnière. Leur devise était : « Je le suis ! » Et tous y avaient été fidèles. C'était, sur la route obscure du passé, une de ces belles lignées de cornards qui font penser aux troupeaux de bœufs cheminant dans les brouillards. On eût dit encore la Forêt qui marche de Macbeth. Ce n'était pas des hommes, c'était des dessous de bois. Le dernier du nom, le vidame Gaston-Benedict de la Hannetonnière, était tout à fait digne de sa race. Dans une ville commerçante, il eût été certainement syndic de la corporation. Faut-il vous attrister d'une révélation nouvelle ? Eh bien ! c'était notre ami le vicomte Puceau de Courtdéduy qui, au temps dont je parle, lui conférait quotidiennement les insignes et l'entretenait sous cette belle plantation. C'était, comme qui dirait, le jardinier chargé de cultiver ses ramures, et je vous prie de croire que les chenilles n'y faisaient pas leurs nids. Car c'était un horticulteur laborieux que ce vicomte. Et je ne l'en blâmerai pas. Madame de la Hannetonnière était une personne dont il était doux certainement de ridiculiser le mari, bien en chair, un de ces copieux rosaires d'amour dont les grains semblent se gonfler sous les doigts, tant ils emplissent l'âme d'une dévotion édifiante pour les menues merveilles du corps féminin dont Villon a si bien dit :

> Corps féminin qui tant est tendre,
> Polly, souëf et prétieulx !

Le vicomte était donc l'amant de la vidamesse et celle-ci l'attendait impatiemment, durant que notre gentilhomme s'attardait, comme je l'ai conté, dans la loge du mime Américain Makson. Il y avait une façon de soirée intime dans la maison, une table de thé et des gâteaux, peut-être un vin de xerès et de malvoisie, un petit raout familier entre deux causeries et un morceau de piano. Le vidame ne paraissait pas moins impatient que sa femme de l'arrivée du vicomte. Il piétinait sur place ; il s'ennuyait sensiblement. Enfin M. de Courtdéduy fit son entrée.

— Vous êtes bien en retard, Bertand, lui dit madame de la Hannetonnière, sur un ton de doux reproche.

— Bien en retard, cher vicomte, répéta son mari.

Madame entraîna le nouveau venu dans un petit salon dont les bougies s'éteignirent peu à peu. Pendant qu'une jeune demoiselle miaulait devant le clavecin, dans le grand salon, l'entretien prit, entre le vicomte et la vidamesse, une tournure que je ne me permettrai pas d'apprécier. A vous de deviner, mes compères. Mais nos innocents n'avaient pas remarqué que le vidame les avait suivis. Celui-ci était un homme résigné, mais qui avait, comme un autre, ses petits goûts de vengeance. N'aimant pas les scènes dans son ménage, il ne cherchait jamais querelle à sa femme, mais il tâchait de se rattraper sur le galant. Quand la demoiselle eut fini d'appeler les matous, tout le monde se retrouva dans le salon comme si de rien n'était, mais qui eût bien remarqué la physionomie de M. de la Hannetonnière, eût pressenti quelque drame dans son cerveau. Quand le thé et le malvoisie, sinon le xerès eurent été bus et les petits gâteaux mangés, on se disposa au départ. Le vicomte sortit le dernier, suivi du vidame. Comme il franchissait la porte, ayant toujours son hôte sur les talons, il sentit un énorme coup de pied qui lui enveloppait le derrière et entendit ces mots : — Tiens, gredin ! En même temps, il était précipité dans la rue. Mais, ô miracle ! un bouquet de pétards sortait de son chapeau (ou plutôt de celui de Makson, qu'il avait pris, par mégarde, en sortant précipitamment de la loge de l'artiste), une vraie fusillade, en même temps que des gerbes de feu qui montaient en crépitant et se dispersaient en étincelles. Tous les invités s'étaient retournés et étaient ahuris. Les femmes criaient ; les hommes riaient aux larmes...

Le lendemain, le baron des Engrumelles disait à son ami le comte Pastoureau des Gorets :

— C'est extraordinaire cette aventure du vicomte. Habituellement, ce n'est pas à l'amant mais au mari qu'il pousse quelque chose sur la tête.

— Cela prouve, répondit M. Pastoureau des Gorets, qui est un philosophe, que, dans ces sortes de ménages, — et je l'ai remarqué souvent, — c'est l'amant qui est le vrai cocu.

LE MARI JUGE ET PARTIE

LE MARI JUGE ET PARTIE

La plus belle hôtesse de Chinon était assurément, en ce temps-là — et ce n'est pas d'hier que je parle — Isabeau, dame Cornebin, laquelle tenait ses assises en l'hôtellerie du Hanneton Cuirassé, rue du Mort-qui-Pète, lieu fameux entre tous, pour son vin rose et mousseux, dont les traîtresses vapeurs sont comme une nuée d'aurore. Pour vous la décrire en quelques mots et justifier mon dire, c'était une personne délicieusement mamelonnée et bien pourvue de coussins naturels et portant, sous ses jupes, une revue des deux mondes plus amusante à feuilleter que l'autre. Car, s'il vous plaît, nous appellerons ainsi le beau panorama hémisphérique que les dames recèlent en cet endroit. Pour achever notre vocabulaire, lorsqu'il s'agira des hommes, nous désignerons par Gailhard la cible où Jocrisse et Leporello ont coutume de recevoir la pointe des escarpins. Ceci soit entendu pour une bonne fois. Je reviens au portrait de la superbe aubergiste et le complète en vous citant sa magnifique chevelure aux tons de cuivre foncé, fauves et changeants, sa bouche appétissante dont l'arc était, sans cesse, tendu par un sourire, la délicieuse fossette qui marquait son menton d'un accent circonflexe, le velours léger de de ses joues fraîches comme des pêches en plein vent. En voilà-t-il assez pour que vous en tombiez amoureux? Moi je n'en ai pas souvent demandé davantage. Mais les galants, nombreux pourtant dans une contrée où la saveur grisante des vignes coule volontiers dans les veines, n'obtenaient rien de cette rudanière beauté, et le sieur Cornebin pouvait passer sous la porte basse de sa cave sans qu'il lui vînt des écorchures au front. Cette scandaleuse vertu avait rebuté bien des gens, mais non pas le clerc Bignolet, qui l'aimait d'une tendresse plus obstinée que celle des autres, et qui s'en était venu loger au Hanneton Cuirassé rien que pour tenter l'aventure qui lui tenait si fort au cœur. Cornebin, qui était un finaud et voyait bien à qui il avait à faire, en profitait pour lui vendre très coûteusement les choses nécessaires à la vie. C'était donc une situation où tout le monde trouvait son compte, en attendant mieux. Car vous ne pensez pas que je pousse l'immoralité jusqu'à vous entretenir longuement d'un soupirant platonique et d'une femme fidèle; rien n'est moins intéressant que de pareilles gens. Vous m'en voudriez à mort que cet aubergiste ne fût cocu, et je ne veux pas vous donner contre moi cette colère.

* *

— Je pars pour Tours et ne reviendrai que demain. J'y vais quérir des rillons pour notre clientèle.

Ainsi parla maître Cornebin, un matin à son épouse, tout en passant sa tenue de voyage. Et il ajouta:

— Notre hôtellerie est pleine et tu n'as personne à y recevoir, à moins que le seigneur Humevesse, qui n'est venu depuis longtemps, frappe à notre porte, en revenant de la chasse.

Ce seigneur de Humevesse était, en effet, un client qui se ruait particulèrement en dépenses et était, pour cela, fort estimé des marchands.

Après ce court entretien, l'hôtelier embrassa sa femme, ce que j'aurais fait à sa place, s'il m'en avait seulement prié. Mais c'était un homme peu prévenant.

Il n'y avait pas trois heures qu'il était parti, que le seigneur de Humevesse arrivait en grand équipage et prévenait qu'il passerait la nuit. On installa ses valets dans la paille des écuries. Mais lui-même, où lui trouver un gîte? Un seul lit était vacant, celui du clerc Bignolet, à la condition toutefois et encore que celui-ci consentît à s'en aller. Mais quand Isabeau lui en fit la prière, il se mit à pleurer si amèrement, la conjurant de ne le point chasser de sa présence adorée, qu'elle se laissa attendrir et lui promit d'arranger les choses au mieux de son désir.

— Hélas! lui dit timidement le pauvre garçon, il y aurait un moyen bien simple.

— Et lequel, monsieur Bignolet?

— Me laisser partager votre propre lit, puisque votre mari n'en occupe pas la moitié.

Elle partit d'un grand éclat de rire.

Alors il se pencha à son oreille, et, tout bas, en respirant le parfum exquis de sa nuque crespelée, il lui dit quelque chose à quoi elle répondit:

— Vous n'en seriez pas capable?

— Parions dix écus, fit le soupirant. Il est vrai que je vous prierai de me lier solidement, que je ne puisse faire acun mouvement. Car autrement je ne répondrais pas de moi.

— Bon! je tiens le pari, fit-elle.

Et quand la nuit fut venue et le seigneur de Humevesse cérémonieusement installé dans son appartement, dame Isabeau fit entrer clandestinement Bignolet dans sa chambre, et suivant son désir le ficela d'une corde solide, immobile qu'il était dans la ruelle de son lit.

Infortuné Cornebin qui, durant ce temps-là, regardait crépiter, dans l'immense poêle, les rillons odorants!

.˙.

La femme est souvent cruelle. C'est, je l'espère pour elle, un être inconsciemment barbare et qui nous torture plutôt par désœuvrement que par méchanceté. Quand la pitié lui vient, c'est par soudaines bouffées, comme ces souffles rafraîchissants d'avril qui sont pleins de l'âme des roses. C'est sous une de ces impressions subites de bonté que dame Isabeau se mit à penser qu'elle avait peut-être trop serré les cordes autour de son compagnon de lit, et que, si celui-ci ne se plaignait pas, c'est qu'il était héroïquement courageux ou qu'il étouffait à ne pouvoir même gémir. Silencieusement elle délia les nœuds, de ses jolis doigts fins et blancs comme des fuseaux d'ivoire, et progressivement, sans avoir l'air même de s'en rendre compte, rendit une liberté d'action complète au volontaire captif. Ah! mes anfants, c'est ici qu'il me faut rompre avec les austères traditions de l'honnêteté qui me sont personnelles. Qu'auriez-vous fait à la place de Bignolet? Exactement la même chose que lui. Je vous souhaiterais même de l'avoir aussi intrépidement réitérée. Dame Isabeau feignit d'abord de se fâcher, comme toujours les femmes en cette occurrence. Mais son partenaire accumula les bonnes raisons avec tant d'à-propos que, loin de lui en vouloir, elle se sentit, pour lui, tout émue de reconnaissance. Heureux Bignolet! Il avait sous les mains un vrai jeu de boules, et notez qu'à Chinon comme en Berry, ce jeu s'appelle: cochonnet. Le mâtin n'eut garde de lui faire perdre ce glorieux titre.

— J'ai gagné les dix écus, fit joyeusement dame Isabeau pour conclure.

— Hein! fit Bignolet, en riant aussi, je ne l'entends pas de cette façon.

— Vous n'avez pas été capable d'être sage comme vous l'aviez juré.

— Ma mie, pardon ! Mais il me semble que c'est un peu votre faute.

— N'importe ! j'ai gagné mon pari.

— Et moi je soutiens que je n'ai pas perdu le mien.

Ainsi disputèrent-ils fort agréablement, tout en échangeant encore, au bord du lit, les suprêmes caresses de l'adieu.

— Je soumettrai le cas à ton mari lui-même ! fit le clerc en matière de conclusion.

— Ça, je t'en défie bien ! répondit dame Isabeau en fermant dans un baiser la bouche de son amant.

Une sonnerie de cor indiquant le petit lever du seigneur Humevesse interrompit brusquement leur entretien.

*
* *

Cornebin, de retour chez lui, était assis devant une claire flambée de bois dans la haute cheminée, et dame Isabeau recousait, en bonne ménagère, un bouton au pourpoint de son mari, quand Bignolet entra et s'asseyant entre eux deux :

— J'ai fait, dit-il, maître hôtelier, un pari hier avec votre femme et nous ne sommes pas d'accord sur celui de nous deux qui l'a perdu.

Isabeau, rouge comme une pivoine, lui glissait, en dessous, un regard plein d'anxiété.

— Contez-moi la chose, répondit Cornebin qui, comme tous les imbéciles, aimait à jouer au magistrat.

— C'est fort simple, en vérité, reprit le clerc. J'avais fait une longue promenade à âne et je demandai à madame Cornebin la permission de laisser, un instant, la bête dans son pré, qu'elle y pût prendre quelque repos; à quoi elle me répondit que le baudet mangerait son herbe, ce qui lui était désagréable au plus haut point; je me portai garant de la sobriété de ma monture, et il fut convenu que si l'âne mangeait de l'herbe, je payerais dix écus à votre femme, mais qu'elle me donnerait pareille somme si l'âne ne broutait point. Après quoi, j'attachai mon âne à un piquet, au beau milieu du pré, et si court qu'il lui était impossible de baisser son museau jusqu'à l'herbe. Que fit madame Cornebin ? Elle s'en alla détacher le baudet elle-même et celui-ci se mit aussitôt à déjeuner. Or donc, examinez le cas en conscience et dites qui de nous deux doit payer le pari.

Maître Cornebin se gratta la tête. C'était d'ailleurs ou jamais le cas.

Puis il déclara solennellement que sa femme avait perdu, puisque rien ne s'était passé que par sa faute. On ne saurait mieux se prononcer cocu soi-même. Le bon hôtelier remit la somme lui-même à Bignolet, qui, en garçon délicat, la consacra à acheter à madame Isabeau une belle cornette de dentelle que celle-ci feignit d'avoir reçue d'une vieille tante qu'elle avait à Bruges et que personne n'avait vue jamais. Cornebin fut émerveillé du cadeau et regretta vivement que les hommes ne portassent pas cornette, en quoi il avait tort de se plaindre vraiment.

LE NOUVEAU DÉLUGE

LE NOUVEAU DÉLUGE

I

C'est, en droite ligne, du Liban, que me vient cette histoire très imprégnée de fantaisie orientale. Car je possède des correspondants jusque dans le berceau même du monde, jusque dans cette patrie des cèdres bibliques dont l'ombre finement découpée met comme une dentelle sur les terrains brûlés du soleil. Vous savez qu'il existe encore, là-bas, des patriarches, moitié prêtres, moitié prophètes, un peu moines et se livrant, d'ailleurs, aux délices de l'hyménée comme les premiers citoyens venus. Car la question du célibat des prêtres est résolue là-bas négativement depuis les origines mêmes du christianisme. Avouons que là surtout le métier d'oint du du Seigneur est le plus agréable du monde.

Athanase était un des plus renommés de ces patriarches conjugaux. Il avait une grande renommée de piété, une barbe blanche plus grande encore et une fort jeune femme nommée Zaïre, dont bien des gens étaient amoureux. C'était une délicieuse brune, en effet, avec des yeux souriants et très noirs, une taille élégante bien qu'opulemment remplie et tout ce qui suit merveilleusent aménagé pour les délices d'un époux. Mais las ! Le patriarche était certainement moins âgé que Mathusalem, mais n'en était pas moins un vieux très médiocrement idoine aux besognes matrimoniales, et la pauvre Zaïre serait morte de désœuvrement, ce qui eût été grand dommage, si un Dieu n'eût eu pitié d'elle, sous les traits de l'aimable Soliman.

Celui-ci était un robuste gars, très laborieux au déduit, comme disaient nos pères, amoureux comme un matou, et beau comme un astre, ce qui ne gâte vraiment rien. Il n'avait pas dissimulé à Zaïre son inclination pour elle, et celle-ci lui avait avoué, sans détour, qu'elle nourrissait pour lui une pareille tendresse. Mais comment échanger pratiquement ces deux sentiments exquis ? Impossible de se voir dehors. Comme toutes femmes d'Orient, Zaïre sortait fort peu de chez elle et avait d'ailleurs, comme il convient à une honnête personne, grand souci de sa renommée. Restait le logement de l'anachorète. Mais celui-ci était le plus incommode du monde, occupant toute une petite maisonnette au toit plat et composé de deux chambres seulement, celle du religieux et de sa femme, puis une façon de cuisine qui ne pouvait, en aucun cas, jouer le rôle de boudoir. Vous voyez que les obstacles étaient considérables entre les deux amants. Mais c'est où l'amour triomphe d'avantage, comme La Fontaine l'a fort bien dit, et, comme toujours aussi, ce fut la femme qui dépensa le génie qu'il fallait pour dénouer cette incommode situation.

II

Comme tous les vieillards, Athanase tenait démesurément à la vie. Il fit donc une effroyable grimace dans sa grande barbe de fleuve gelé quand Zaïre lui dit du ton le plus naturel du monde :

— Mon ami, vous savez qu'un nouveau déluge est prédit pour dans fort peu de temps.

La légende du déluge est encore demeurée la plus vivante et la plus redoutable du monde dans le Liban. Le patriarche devint pâle comme un mort.

— Alors, il faut recommander notre âme à Dieu ! fit-il en tremblant de tous ses membres.

— Non, pas encore ! poursuivit la rusée personne. Noé ne s'est-il pas sauvé à merveille d'un pareil accident ?

— Oui, mais nous n'avons pas d'arche à notre service.

— D'arche, non, mon bon seigneur de mari ; mais j'ai quelques petites économies que je consacrerai volontiers à sauver notre vie. Avec une simple barque nous pourrions nous mettre à l'abri de tout danger.

— Comment cela ?

— Nous la pendrions au toit, tout en haut, par une corde solide et vis-à-vis de la large fenêtre qui lui donnerait facilement passage en cas de péril. Vous y coucheriez toutes les nuits et j'aurais mis à votre portée un couteau pour que vous puissiez couper l'amarre verticale et dégager l'embarcation, au cas où l'eau serait montée du sol jusqu'à elle. ainsi vous fileriez sous le toit jusqu'au dehors où vous continueriez à flotter au gré du niveau de l'inondation jusqu'à ce qu'un nouveau mont Ararat vous serve de refuge.

— Admirable ! fit le révérend Athanase ! que je t'embrasse, ma femme chérie, pour la beauté de ton invention ! Et tu monterais avec moi, n'est-ce pas, dans ce lit nautique ?

— A la dernière minute seulement, mon ami. Car il faut bien qu'un de nous deux se dévoue pour observer le phénomène, au moment où commencera le deluge et avertir son compagnon. Jusque-là, je continuerai à coucher dans mon lit ordinaire. Vous savez d'ailleurs que je nage comme une anguille et n'ai rien à craindre pour moi dont le sommeil, beaucoup plus léger que le vôtre, serait interrompu par la moindre averse.

— Quel ange de dévouement, et, en même temps, quel démon d'esprit tu es, ne put s'empêcher de s'écrier le vieil homme dans un transport de reconnaissance.

Et Zaïre fit tout ce qu'elle avait dit. Avec un peu

d'argent que lui fournit, à la vérité, Soliman qui lui devait bien cela, elle acquit un mauvais bateau qu'elle suspendit comme elle l'avait annoncé, et Athanase, un couteau dans sa manche, commença de s'y jucher, chaque nuit, avec une échelle que sa femme retirait ensuite. Après quoi il ronflait comme un tambour et faisait pis encore, promenant la menace de ses foudres intestines au-dessus de la tête des deux amants. Car vous avez bien deviné que, pendant ce temps, et sitôt qu'il était notoirement endormi, Soliman, introduit sans bruit, se fourrait sans vergogne et jusqu'au matin, dans le lit que la patriarche avait abandonné à sa plus belle moitié.

J'en suis désolé pour la morale, mais c'était comme ça.

III

Le naïf Athanase conta la chose sans malice à ses voisins, qui devinèrent bien qu'il y avait, là-dessous, quelque ruse de femme, Parmi ceux-ci était un loustic nommé Ibrahim, et qui aimait fort les mauvaises plaisanteries. Après s'être à fort peu près assuré de ce qui se passait, ce mauvais Ibrahim ne s'en vint-il pas trouver le patriarche, une après-dîner, et ne lui tint-il pas ce langage :

— Mon père, vous êtes justement vénéré partout pour votre grande charité, et voici, pour moi, une belle occasion de la mettre à l'épreuve. Mon logis est infesté par les rats, et ce serait une action méritoire à vous de me donner l'hospitalité la nuit, jusqu'à ce que je sois arrivé à détruire ces vilaines bêtes qui ne me laissent pas un instant de repos.

— De grand cœur, mon frère, dit le généreux Athanase.

Et comme il était pratique, au demeurant, il ajouta :

— Ce sera une occasion pour ma femme de venir coucher dans la barque avec moi.

Et le vieux singe se pourléchait par avance les babines à l'idée voluptueuse de retrouver sa compagne de lit.

Mais Zaïre, furieuse, ayant tout entendu, ne le prit pas de cette façon.

— Non pas ! fit-elle. Je préfère encore coucher seule dans la cuisine.

— Voilà qui n'est pas aimable, ma mie ! hasarda le patriarche.

— Alors elle reprit d'une voix subitement adoucie :

— Et qui veillerait en cas de déluge ? Vous savez bien que notre ami Ibrahim en est aussi incapable que vous.

— C'est vrai, ma chère épouse, conclut le conciliant Athanase.

Et, le soir même, quand Ibrahim fut installé, elle s'enferma dans la cuisine, maugréant ne n'avoir pu prévenir Soliman de ce contretemps.

Celui-ci vint donc tout doucement, à l'heure accoutumée et gratta tout bas à l'huis.

C'est ce qu'attendait notre mauvais plaisant d'Ibrahim.

Simulant la voix de Zaïre, il s'en vint jusqu'à une façon de petite croisée à barreaux et, sans que Soliman le pût voir, parlant comme s'il était celle qui attendait d'ordinaire :

— Hélas ! mon ami, mon doux ami, fit-il. Je ne peux vous recevoir cette nuit. Mon mari a donné l'hospitalité à un imbécile qui pourrait nous voir et nous surprendre.

— Le diable l'emporte ! murmura le malheureux Soliman.

Et après s'être désespéré un bon instant :

— Ne pourrai-je, au moins, ma bien-aimée, vous donner un baiser à travers ce grillage maudit ?

Ibrahim avait aussi prévu cela.

— De grand cœur ! soupira-t-il d'une voix flûtée.

Et, sur-le-champ, il fit baiser à Soliman qui fermait les yeux, tant son âme était pleine de délices, quelque chose qui ne ressemblait cependant pas au gracieux visage de Zaïre. Vous devinez, n'es-ce pas? son arrière-figure, à lui, son gros derrière de casanier, son Gailhard, comme on dit maintenant dans le meilleur monde, de la citrouille naturelle dont on ne saurait faire un potage pour les gens délicats.

Et cette odieuse comédie recommença trois nuits de suite, l'infortuné Soliman arrivant, fidèle et résigné, à ce baisement de... main d'une espèce nouvelle.

IV

Le quatrième jour, Zaïre, exaspérée et qui ne savait rien de ces scènes silencieuses, parvint à s'échapper et put enfin retrouver Soliman :

— Juste ciel! lui dit-elle, mon pauvre ami, qu'avez-vous pu penser de moi!

— Hélas! ma bien-aimée, je savais que votre mari avait chez lui recueilli un hôte malencontreux qui nous empêchait de nous voir.

— Et qui vous l'avait dit?

— Mais vous-même.

Et, comme elle le regardait avec un air stupide :

— Ah! merci! fit-il avec un élan de tendresse! Merci, ma douce et généreuse Zaïre, du baiser que tu m'as permis de prendre, chacune de ces nuits maudites, sur tes joues et sur tes lèvres adorées.

— Un baiser? fit-elle plus étonnée encore.

— Oui, à travers le grillage...

A la voir aussi profondément ahurie, une lumière passa dans l'esprit de Soliman; une clarté se fit dans son cerveau!... il devina la vérité épouvantable par cette puissance d'intuition que donnent souvent à l'homme les impressions désespérées. Oui... maintenant, il se rappelait... il s'en était aperçu au premier baiser... Ce que touchait sa bouche n'avait rien du velours parfumé d'une pêche, comme étaient les joues de Zaïre... Pouah !

— Laisse-moi donc faire! fit-il à la jeune femme, et ne m'en demande pas davantage.

Et il disparut comme une flèche.

. . . .

Ibrahim, enchanté du résultat de sa mauvaise plaisanterie, se préparait à renouveler cette quatrième nuit-là.

En effet, Soliman vint, comme à l'accoutumée, gratter à la porte.

Mais quand Ibrahim lui présenta à la croisé grillée le même objet que les nuits précédentes, ledit Ibrahim poussa un cri épouvantable. Soliman lui avait enfoncé un fer rouge à l'endroit que vous devinez ; là justement par où le Gailhard exhale ses belles notes de basse chantante.

— De l'eau ! de l'eau ! de l'eau ! hurlait le malheureux en se roulant à terre.

En entendant ce vacarme épouvantable et ce cri : De l'eau ! le patriarche qui ronflait dans sa barque, réveillé en sursaut, crut à l'invasion du nouveau déluge et trancha la corde qui le suspendait au plafond.

Le bateau tomba lourdement, se dispersant en mille planches vermoulues, cassant les reins à cette canaille d'Ibrahim et assommant net le patriarche par la violence du choc.

La mort de ces deux birbes permit à Soliman et à Zaïre de vivre parfaitement heureux, et on parle encore avec admiration, dans le Liban, de leurs amours délivrées et de la longue postérité qu'ils laissèrent. C'est ainsi que ce conte finit le mieux du monde, comme il convient à ceux qui n'ont d'autre prétention que de faire rire les bonnes gens.

MADAME PIÉDAMOUR

MADAME PIÉDAMOUR

I

Il y avait grand remue-ménage, ce jour-là, à la ferme des Haudriettes dont le propriétaire, le jeune vicomte Honoré de la Haultevessière, devait honorer de sa présence les rustiques beautés, après une partie de chasse. Oui, certes, grand remue-ménage, et le sieur Piédamour, le fermier, se donnait un mal terrible pour recevoir dignement son seigneur qui devait prendre là son repas du soir, en compagnie de ses nobles amis. Il fallait entendre ce Piédamour bousculer les valets, précipiter les ordres les uns sur les autres, gourmander sa femme et lui répéter sans cesse :

— Ah ! malheureuse ! pourvu que tu ne fasses pas quelque sottise, par ignorance des usages du grand monde ! au moins m'écouteras-tu bien !

Madame Piédamour faisait assez bonne mine à toutes ces bougonnades. Elle aussi, se sentait très fière de traiter un personnage aussi considérable que le jeune vicomte Honoré de La Haultevessière, qui était pourtant un fier imbécile mais qui portait un beau nom. Combien sa vanité eût été encore flattée davantage si elle avait su que cette visite du gentilhomme et du suzerain avait pour but unique de lui faire la cour. Oui, ce godelureau titré avait reluqué depuis longtemps la belle fermière. Ce n'est pas d'ailleurs ce qu'il avait fait de plus bête dans sa vie. Car la Jeanne, — ainsi nommait-on familièrement madame Piédamour dans son voisinage, — était, ma foi, une superbe créature et bien faite pour les délices d'un homme de goût. Elle était très brune, avec de beaux yeux d'un gris bleu étoilés comme des chats, une bouche merveilleusement appétissante, et son corps était une aimable réunion de détails très en relief qui vous faisaient passer des frissons dans la paume des mains. Je vous excuse donc complètement, Honoré, de cette roturière fantaisie. Elle était d'ailleurs sans grand danger, car la Jeanne était une vertueuse personne et son mari, extrêmement jaloux, faisait autour d'elle une garde à décourager les galants. Ce curieux manant avait la fureur de n'être pas cocu. Il y a des gens extraordinairement vaniteux même dans les classes les moins dirigeantes de la société.

C'était donc, en attendant l'arrivée du noble hôte,

un vacarme infernal de cuisine, un gloussement terrible de poules égorgées, un cliquetis de vaisselle et un essoufflement général de tous les pauvres diables montant le vin des caves et se ruant aux apprêts d'un pantagruélique festin.

II

J'ai insinué déjà que M. le vicomte Honoré de la Haultevessière était bête comme une oie. Il ne pouvait faire un pas sans son professeur, le vénérable Pécornat qui, après avoir dû renoncer à lui enseigner le latin et la grammaire dans son enfance, était devenu pour lui une façon de confident de comédie, un factotum, un majordome en toutes choses. Honoré racontait fort bien ses amours à son vieux maître, qui le conseillait et lui rédigeait ses billets à Chloris. Aussi avait-il donc initié ce doux proxénète à ses projets touchant la vertu de madame Piedamour.

— La chose sera malaisée, sans doute, avait dit Pécornat, en hochant de la tête, mais monseigneur ne doit cependant pas désespérer. Le mieux serait de s'adresser à la vanité de cette péronnelle et de l'éblouir par quelque honneur si grand qu'elle en perdît la tête... ou plutôt la tête de son mari. Si, par exemple, monseigneur l'invitait à sa propre table, la faisait placer à son côté et portait le premier toast à la santé de cette fermière ! Il y aurait bien de quoi lui tourner l'esprit, une pointe de vin généreux aidant.

— Cette humiliation me serait douce, répondit le gentilhomme, et je suis tout prêt, mon cher Pécornat, à m'encanailler de la façon que vous dites. Mais ne conviendrait-il pas que je glissasse, en même temps, dans la main de cette drôlesse, quelque déclaration un peu pittoresque et passionnée, qui achevât de me la rendre favorable et ne lui laissât aucun doute sur mes desseins ?

— C'est ce que j'allais proposer à Monseigneur.

— Rédige, maroufle.

Et M. Pécornat, à qui l'imagination ne faisait jamais défaut dans ces occurrences, commença d'écrire ce qui suit, sur un petit morceau de papier qu'il avait détaché des tablettes qui ne le quittaient jamais : « Je suis pareil, belle Jeanne, à un voyageur altéré qui soupire après la fraîcheur des sources cachées. J'ai soif de vos charmes et voudrais boire à la coupe de vos appâts. Soyez-moi l'oasis où, sous l'ombre des platanes, le pèlerin vient tremper sa lèvre aux frémissements argentés du ruisseau !

— C'est joli, mais je ne comprends pas bien, fit le vicomte, quand son maître lui eut lu ce madrigal.

— Monseigneur n'a pas besoin de comprendre, madame Piédamour non plus. Mais on n'arrive aux femmes que par la poésie.

Et M. Pécornat mit prétentieusement sa main sous le revers de sa redingote, comme s'il eût senti frémir dans son cerveau une phrase de Châteaubriand.

Ce colloque avait lieu sous un bosquet de verdure, durant que les amis de M. le vicomte continuaient à exterminer chevreuils, lièvres, lapins, faisans et perdreaux dans les environs. La fable d'Hippolyte recèle une incontestable vérité. L'amour a été toujours le grand ennemi de la chasse. Diane était chaste, non par vertu, mais parce que l'ardeur de poursuivre le gibier ne lui permettait pas d'autre occupation.

III

Ton! ton! ton! ton! tontaine! tonton! Il paraît que ce refrain simule le bruit du cor. Je veux bien faire cette concession à Béranger, à qui j'en refuse tant d'autres. Je viens donc de vous indiquer, ainsi, et par harmonie imitative, comme on dit au collège, l'entrée des chasseurs dans la ferme, au milieu des aboiements joyeux des chiens. Piedamour était sur son trente et un, étant donné encore que ce chiffre exprime le maximum de la toilette. J'aimerai mieux, pour ma part, celui qui évoque l'image d'une double et réciproque nudité, dans la plus charmante occupation du monde. Mais glissons légèrement sur ce motif délicat. La Jeanne, elle, était plus merveilleusement belle que jamais dans sa robe à grands ramages, bien ouverte au haut des seins et laissant flotter, autour d'elle, par une large échancrure, ces chaudes saveurs de femme saine qui sont le plus grisant des parfums. Telles les fleurs laissaient monter, dans l'air de ce beau soir d'été, leurs souffles odorants et pâmés, leur âme éparse dans l'adieu doré du jour.

Quand M. le vicomte eut annoncé à son fermier ravi que madame Piédamour serait sa voisine de table et qu'il lui permettrait de s'asseoir à son flanc, Piédamour prit immédiatement sa femme à part et lui donna de nombreuses leçons de civilité puérile et honnête. Un précepte entre tous, sur lequel il insista : Si monsieur le vicomte portait sa santé, à elle, se lever immédiatement pour faire une belle révérence. Car un homme bien éduqué n'oserait porter son verre à sa bouche, avant que sa politesse eût été aussi visiblement acceptée et goûtée.

La Jeanne quitta son mari, en se recueillant sur ce suprême et définitif avis et en se promettant bien de ne rien oublier de ces préceptes essentiels.

Or, il arriva qu'en l'installant auprès de lui, le vicomte voulut glisser dans la main de la fermière le joli petit morceau de littérature que M. Pécornat avait rédigé pour cette usage. Il s'y prit maladroitement sans doute, car le billet demeura dans les jupes de madame Piédamour, qui ne le vit pas, et glissa ensuite par terre, où M. Piédamour, toujours sur le qui-vive, le ramassa. Quand le fermier en eut pris connaissance dans un coin, il fut saisi d'une sourde colère, imaginant que sa femme ne l'avait laissé choir qu'après l'avoir lu. Il résolut cependant de se contenir, parce que c'était un homme prudent qui n'oubliait pas qu'il aurait son bail à renouveler dans peu de temps. Mais il était furieux en dedans, tout de même, furieux et bien résolu à ne pas perdre un mot de ce qui se dirait entre sa femme et cet effronté godelureau. Car il fallait bien savoir si la Jeanne répondrait ou ne répondrait pas à cet impertinent madrigal.

Tout à coup, M. le vicomte, élevant son verre :

— A la santé de la belle madame Piédamour ! s'écria-t-il de la voix la plus amoureuse du monde.

Comme le lui avait prescrit son mari, la fermière se mit debout pour esquisser sa révérence. Ce mouvement naïf fit éclater de rire toute l'assistance et notamment M. de La Haultevessière, qui, en homme mal élevé qu'il était, dit à la pauvre femme, en s'esclaffant :

— Belle dame, il n'était pas nécessaire lever ainsi votre derrière...

— C'est pour que Monseigneur puisse boire ! répondit la fermière en rougissant.

— Ah ! coquine ! fit Piedamour qui, voyant là une réponse au billet doux, leva la main pour envoyer à sa femme un soufflet. Mais celle-ci ayant baissé la tête, ce fut M. Pécornat, son autre voisin, qui le reçut.

Et, franchement, il ne l'avait pas volé.

Fi ! le vilain métier que celui de ce pédant !

PLAISIRS CHAMPÊTRES

PLAISIRS CHAMPÊTRES

I

C'était un jour de ce dernier automne, un de ces jours tièdes et dorés qui sont comme l'adieu mélancolique du soleil plus pâle déjà et des verdures déjà rouillées. Tous les êtres et toutes les choses avaient de suprêmes coquetteries; les roses-trémières qui se balançaient, plus douces, sur leurs tiges; les papillons dont le vol alangui s'ouvrait à peine au calice des fleurs. Vous connaissez, comme moi, cette impression de délicieuse tristesse, ce charme des déclins, cette poésie des départs qui, de la nature, nous descendent dans l'âme et nous fait nous-mêmes pareils à tout ce qui grise, une dernière fois, de lumière et de parfums.

Il y avait grand émoi au château de Trébélan, en Vendée, où l'on avait résolu de donner une grande fête avant la fin de la belle saison, une fête pittoresque et nouvelle, dans le goût cependant des divertissements de nos aïeux. Car on était très fort pour les traditions dans cette noble demeure, dont le possesseur actuel, le baron Jehan de Trébélan-Petard, avait réuni, autour de lui, tous les les Trébélans de la terre, les Trébélan-Fessier, les Trébébélan-Nichon, les Trébélan-Gailhard, tout ce qui restait, en un mot, de l'ancienne souche. Et, comme de nombreux châteaux entouraient le sien, il y avait là de superbes rendez-vous de haute gentilhommerie, un vrai bouquet de noms fameux par toute la contrée, les Leronflant des Assides, les Lepertuis du Séant, les Malevesse de Moncey, les Ventedru de Larrière, les Poussemol du Bassin, sans compter quelques échantillons de l'aristocratie exotique, tels que le célèbre prince oriental Comelal-Shah, un aventurier persan tout à fait millionnaire et qui avait été chercher un refuge en France, à un changement de dynastie; Je dois rendre une justice à tous ces braves gens. Aucun d'eux n'eut l'idée d'organiser une de ces représentations d'amateurs qui sont le fléau de la vie provinciale dans les villégiatures élégantes. Oh! les acteurs du vrai monde! Plus infatués d'eux encore que les autres, avec le talent en moins. Dieu vous garde toujours, mes amis, de ces Coquelins de bonne compagnie et des

Célimènes qui n'ont appris Molière qu'au couvent !

Bien plus sages, les excellentes personnes que je vous présente. Après une longue délibération, il fut décidé qu'on donnerait un déjeuner costumé, mais dans des conditions telles qu'il fût extrêmement malaisé de se reconnaître, même aux personnes qui se connaissaient le mieux. Aucune confidence n'était permise, même dans les ménages. Maris et femmes (nous sommes dans une société tout à fait régulière) devaient se retrouver là sans s'être rien révélé de leurs costumes, dans le flot des invités étrangers. De plus, le repas serait une longue pantomime; on ne s'exprimerait que par gestes, afin que la voix ne trahît personne. J'ai vu, dans ma jeunesse, des redoutes où cette discipline était rigoureusement observée, et qui donnaient ainsi lieu à de très plaisantes aventures. Pour augmenter la confusion, on décida d'inviter quelques messieurs et quelques dames de la roture, quelques fonctionnaires et bourgeois de la petite ville voisine, le sous-préfet Sanlard, le président Montrou, le juge de paix Auchoux, la veuve Fourton, née Danmon, qui donnait volontiers le ton à ce petit monde de manants, gens de peu qui seraient infiniment flattés, certainement, de se frotter à des personnes de naissance. Vous voyez que le projet était complet et devait être fécond en quiproquos. Le pauvre Hennequin n'eût pas rêvé un milieu plus favorable à ses inénarrables fantaisies.

II

Le maître et la maîtresse de la maison s'étaient soumis à la règle générale. Madame avait été faire sa toilette chez une amie, une délicieuse toilette d'où jaillissaient les blancheurs de sa poitrine et de ses bras comme des lys d'une touffe de roses. Elle avait ramassé sa lourde chevelure noire dans une mantille toute diamantée de petites étoiles, et un loup de satin s'effrangeait jusqu'à sa bouche qui luisait, rouge comme un fruit, sous la dentelle. Je me serais complu bien davantage à vous décrire cette aimable femme dans un des déshabillés galants qu'elle portait au réveil. Plus on en voyait d'elle et plus elle était charmante : un corps de déesse qu'il était sacrilège vraiment de cacher sous toutes ces étoffes. Ah! ma mie! ma chère mie! Vous savez la guerre que je vous fais pour les vêtements que vous vous obstinez à porter en ma présence! Eh bien! on aurait pu lui dire tout ce que je vous dis quand je vous conjure de revenir, pour moi, au délicieux costume d'Eve!

Egalement fidèle à la consigne, M. le baron Trébélan-Pétard avait été revêtir, loin de sa chambre et de son cabinet de toilette, un déguisement qui le rendait d'autant plus méconnaissable qu'il avait sacrifié sa moustache pour se rendre plus mystérieux encore, et teint ses cheveux en un roux ardent qui ne pouvait que donner le change aux yeux de ses meilleurs amis. Il avait, comme la baronne, le visage couvert presque jusqu'au ras du menton. Voilà ce que j'appelle de la conscience, si ce malheureux mot a encore un sens aujourd'hui.

Mais assez parlé de l'extérieur de ces deux époux. Si nous descendions maintenant un peu au fond de leurs âmes. Car ce n'est vraiment pas faire une connaissance sérieuse avec les gens que de s'en tenir à décrire leur haut-de-chausses. Le baron Jehan et sa belle Isaure étaient mariés depuis six ans et il semblait à Jehan qu'il était temps de varier un peu ses plaisirs amoureux par quelque excursion discrète dans le domaine extra-conjugal. Isaure pensait, au contraire, qu'elle n'avait jamais aimé mieux son mari, ce qui d'ailleurs ne prouvait pas grand'chose. Le baron, qui ne venait guère à Paris, avait eu l'idée de cette fête surtout pour s'y donner la petite distraction adultère qu'il méditait. Madame en avait accepté le dessein avec enthousiasme parce qu'elle se sentait une grande envie de s'amuser n'importe comment. Au fond, tous deux en étaient arrivés à cette période d'ennui doux et résigné, de vie plate et monotone qui est, à l'ordinaire, la conséquence des liaisons prolongées, légitimes ou non. Seulement, Monsieur savait nettement ce qu'il souhaitait pour s'en tirer un peu, et Madame, en femme vertueuse qu'elle était, ne le savait pas le moins du monde. La belle force que l'inconscience! La seule peut-être ici-bas, avec l'ignorance, qui donne aussi tant d'aplomb à ceux qui les possèdent! Mais n'anticipons pas, par des réflexions mélancoliques, sur les événements!

III

Tout marche à souhait vraiment. Bien qu'aucun mot n'y ait été prononcé, le festin fut le plus joyeux du monde. Il n'y a rien de plus gai que les sourds-muets, les faux surtout qui demandent l'aumône devant les cafés et qui rient ensuite comme des bossus. Pour accroître encore les difficultés de se reconnaître, on s'était placé, au hasard, en tirant les places au sort, comme on rendait la justice au temps de Rabelais, ce qui donnait, au moins, aux innocents une chance de se sauver qu'ils n'ont plus aujourd'hui. Car les arrêts rendus par les dés étaient moins iniques certainement que ceux qu'on extrait maintenant du Code. Mais voilà qui ne me regarde pas, puisque bien que n'ayant commis aucun délit, je n'ai pas encore été traîné devant les tribunaux de mon pays. J'ai même pu être décoré sans passer en police correctionnelle. Revenons à mes moutons, j'entends à tous mes convives habillés de toutes sortes, aux visages à demi-voilés et interrogeant la personnalité les uns des autres par les plus subtils moyens.

Le champagne pleure dans les verres ses dernières larmes d'or, et les bombes éventrées s'effondrent dans les plats d'argent qu'échauffe un soleil tamisé par les feuillages jaunis. Il est six heures, peut-être, et l'ombre est là qui veille derrière les grands bois prête à s'enlever aux cieux pour retomber ensuite, comme un voile, ou comme un de ces filets dont les pêcheurs enveloppent, comme d'un coup d'aile, tout un coin de rivière. On s'était dispersé et on marchait par couples, toujours en observant la loi du silence, tels que les moines qui, sous les péristyles des abbayes, cheminaient entre les colonnettes gothiques, mais avec des pensées moins austères dans l'esprit! Ce n'est pas sur le bréviaire que méditaient tous ces amoureux de rencontre, aux bras enlacés et tout grisés de ce double et langoureux poison que met dans nos veines le double déclin du jour et de la saison. Il est doux de se souvenir en automne. Mais pour se souvenir il faut avoir aimé... N'est-ce pas, ma chère?

Le baron Jehan croyait absolument avoir fait la conquête qu'il méditait. Entre toutes ces femmes, l'une lui était apparue incontestablement plus belle que toutes les autres et il avait été à elle, sans s'occuper de savoir s'il n'avait pas été peut-être reconnu par la baronne. Elle s'appuyait sur lui, cette merveille ; elle lui permettait d'effleurer sa nuque de son souffle brûlant; elle s'abandonnait à lui, et son sourire, impérieux comme celui de Joconde, était néanmoins plein de promesses. Comment étaient-ils parvenus jusqu'à ce bouquet de verdure, opaque déjà comme une chambre aux rideaux fermés! L'amour connaît ses chemins et nous y mène. Le baron était déjà aux pieds de sa nouvelle bien-aimée. Un instant encore et ce n'était plus à ses pieds qu'il était... Ma foi! honni soit qui mal y pense et bien fou qui n'en fait pas autant! Je n'en ai pas plus long à vous dire, n'est-ce pas? De telles choses se devinent et il n'est pas bienséant de les décrire. Toujours est-il que, d'un geste passionné mais maladroit, le baron fit tomber le masque de sa femme. Car c'était des bras de la baronne qu'il sortait, mes enfants. Ah! sans cela, je n'aurais pas entrepris cette histoire!

— Isaure! mon Isaure! s'écria-t-il, en retombant à genoux... et ses lèvres murmuraient: Pardon!

Mais, elle, entendant sa voix, le reconnaissant aussi et ne pouvant réprimer un mouvement de surprise, comme quelqu'un qui se réveille d'un rêve :

— Ah! franchement, mon cher, lui dit-elle d'une voix presque dure, vous auriez bien pu attendre jusqu'à ce soir!

LA TORTUE

LA TORTUE

I

Et le brave commandant Laripète? Vous n'y pensez plus, ingrate! Mais moi je n'ai garde d'oublier le vieux et fidèle compagnon de ma vie de conteur. Laripète va bien. Je l'ai rencontré hier au Helder. Car il était, comme il dit, en ballade à Paris. Nous avons causé. Il était d'une rude colère contre les marchands de croix. « Les coquins! criait-il, ils ne savent donc pas que c'est dans le sang des soldats qu'on a fait le ruban rouge! » Je l'ai calmé comme je l'ai pu, tout en pensant absolument comme lui. Et puis nous avons parlé d'autre chose. De la commandante qui pèse deux cent dix, et de Jacques qui continue à faire déplorablement la noce, et de l'amiral qui a la naïveté coquette de ne plus manger d'ail, pour ne se pas gâter l'haleine. Après quoi le bon commandant m'a dit une histoire nouvelle de sa vie de garnison, — intarissable sur ce sujet, l'éminent grognard, — et cette histoire, la voici toute fraîche. C'est donc lui qui parle maintenant, pendant que j'achève le vermouth qu'il m'a hiérarchiquement offert.

— J'avais une vingtaine d'années et j'étais brigadier de hussards, après avoir été refusé noblement à Saint-Cyr. Nous étions en reconnaissance dans les Pyrénées, où nous donnions la chasse aux carlistes; fichue besogne! Les mâtins connaissaient les défilés mieux que nous et entraient en France tout de même. J'avais cinq hommes avec moi et nous devions aller coucher dans je ne sais plus quel chien de village, qui ne comptait pas plus de vingt maisons. Pour y parvenir, nous nous arrêtâmes à Ax, où c'était foire. Beaucoup de bonne charcuterie, car le cochon ariégeois est exquis, et un musée ambulant où l'on montrait quelques figures de cire et des bêtes empaillées, plus une tortue fossile, une grande tortue de mer au dos plat comme celui d'un diplomate, un monstre antédiluvien ou à peu près, et que nos soldats contemplèrent avec une curiosité pleine de terreur. — « Voilà, fit Bidois, une gaillarde que je n'aurais pas voulu rencontrer vivante, » et Toupet ajouta : — « Ceux qui mangent de ça dans leur soupe ne sont pas dégoûtés. » Je donnai une conclusion à leur entretien banal en leur disant : — « Vous êtes deux imbéciles. »

Le commandant commençait à souffler.

— Une absinthe, commandant ? lui dis-je.

— Jamais, mon ami ! je n'en prends jamais qu'une. Et, s'adressant au garçon, il ajouta :

— Alors, vous me mettrez beaucoup d'anisette dedans.

Après quoi, il reprit comme il suit :

II

— Nous arrivâmes, le soir, au fameux hameau où nous devions passer trois jours. Mes hommes se logèrent comme ils purent, chez l'habitant qui était à peu près hospitalier comme un ours de ses montagnes. Moi, en ma qualité de brigadier, on me fourra chez le maire qui s'appelait, s'il m'en souvient, Castelpou et qui joignait le commerce d'épicier à ses fonctions municipales. On vendait de tout, dans cette boutique, des chaussons, du pain d'épice, de la mercerie, des berlingots, du tabac. C'était un bazar en miniature, le centre industriel du pays. Ce que mon hôte eût trouvé le plus difficilement à écouler, c'était sa femme, une horrible vieille qui n'avait plus qu'une dent et trois cheveux, une mégère glapissante, une vivante image de la plus laide des trois Parques, lesquelles n'avaient rien de commun avec les trois Grâces. Pouah ! que ce Castelpou était, lui-même, malpropre de coucher avec une telle créature ! Lui-même n'était pas plus joli, mais il était presque aussi grognon. La perspective de cette compagnie me donnait, je l'avoue, froid dans le dos. Une consolation me vint à l'heure du repas, qui fut d'ailleurs parcimonieux et détestable, un peu de gros pain et de lard ranci. Mais ils me furent servis par une fillette de seize ans peut-être, qui était bien une des personnes les plus avenantes que j'eusse rencontré jamais. Pauline était d'Ornolach où j'ai souvent vu de jolies femmes ; elle n'était ni petite ni grande, ni brune ni blonde. Une chevelure aux tons changeants, des yeux d'une couleur indécise, mais étoilés et profonds, faisaient le charme étrange de sa physionomie. Sous sa robe grossière et déchirée par endroits apparaissaient les rondeurs jumelles d'une gorge de vierge, et, plus bas, dans l'autre sens, les rondeurs jumelles également d'un séant sérieux comme un notaire. Tout en posant devant moi cette maigre pitance, accompagnée d'une chandelle qui pleurait, jusque sur la table, de grosses larmes blanches, elle me regardait d'une façon à la fois respectueuse et inquiète et me souriait avec une fleur évidente de sympathie sur ses lèvres. Moi, ça me ragaillardissait. Je n'avais plus presque faim, bien que je fusse resté cinq heures à cheval. Ce n'est pas gastronome qu'on est à vingt ans. Chaque mouvement de Pauline, chacun de ses mouvements de paysanne et de pucelle me faisait passer un frisson par tous les membres. Il y avait une tiédeur très douce dans l'air, après une journée chaude et ensoleillée et, des ravins étagés au-dessous de nous montaient mille odeurs sauvages et grisantes, l'haleine d'un bouquet obscur et lointain dispersé dans la fraîcheur croissante des ombres ; et, par l'huis grand ouvert encore, je voyais le scintillement des étoiles qui me semblaient des larmes d'amour tombées dans un infini d'azur.

— Commandant, une autre absinthe ?

— Nom de nom ! merci ! J'en ai pris deux déjà !

Et le commandant ajouta :

— Alors, garçon, une larme seulement et avec beaucoup d'orgeat.

Puis il poursuivit son histoire, comme vous l'allez voir.

III

— Après ce frugal ambigu, mon hôte me mena dans une façon de petite grange attenant à la maison où m'attendait un lit dont le varech venait certainement d'une compote de pêches. Nom de nom de d'là ! On se serait cru couché sur un sac de noix. Une cloison de planches percée d'une porte partageait en deux parties inégales cette pièce peu confortable ; mais ma mauvaise humeur tomba quand je compris que c'était Pauline qui couchait de l'autre côté de cette muraille de bois. Mon hôte l'y fit entrer, en effet, dans cette chambre rudimentaire, quand je fus moi-même étendu sur ma couche ; puis il éteignit la lumière, et j'entendis un bruit formidable de ferraille du côté de la porte qui me séparait de la charmante Ariégeoise. — Bon ! pensai-je. Elle s'enferme pour se défendre de moi, mais nous verrons bien !

Castelpou était parti. Je laissai quelque temps se passer, pour que sa femme et lui eussent le temps de s'endormir. Un double ronflement qui traversait les distances m'apprit bientôt que les deux êtres abominables se livraient au sommeil. Ce me fut un soulagement. Le bruit de leurs ébats amoureux m'eût fait mal au cœur. Quand le rythme alterné de leurs nez priseurs eut pris une régularité suffisante pour me rassurer complètement, je me levai sur la pointe du pied et je m'en fus, à tâtons, gratter à la porte de ma voisine. Elle ne dormait pas, elle, et je l'entendis même qui poussait un gros soupir, sans me répondre d'abord. J'insistai et je suppliai : — « Ouvrez-moi, lui disais-je. Ouvrez-moi, par pitié ! » Alors, elle se décida à me parler : — « Comment vous ouvrirais-je ? fit-elle. Mes maîtres m'ont enfermée et ont emporté la clef. » Je m'écriai : — « Les misérables ! » Mais alors, elle ajouta : — « Quand bien même ils n'auraient pas fait cela, je ne vous aurais pas ouvert davantage, parce que je suis une honnête fille, monsieur ! » — « Ah ! cruelle ! » Et, tout espoir m'étant interdit, au moins pour cette nuit-là, je regagnai mon mauvais lit où je ne goûtai que bien peu de repos, les vieux continuant leur infernale musique, ma paillasse me pénétrant violemment dans le dos, et l'amour me mettant, un peu partout, mille folles idées. Par une fenêtre percée dans le toit, je voyais les petits astres qui semblaient me railler, en clignotant de leurs petits yeux d'or. La grande ourse se fichait visiblement de moi et Aldébaran faisait, dans l'immensité, des gorges chaudes à mon sujet. On ne sait pas à quel point les planètes sont moqueuses. Nous autres, l'humanité, nous leurs sommes un divertissement continuel, une sempiternelle comédie. Nous faisons quelquefois pleurer nos mères, mais nous faisons toujours rire les étoiles.

— Commandant, une nouvelle verdoyante.

— Vous fichez-vous de moi! Silvestre le chaste? *Niveus Silvestris Linneensis!* La quatrième!

Et Laripète fit tout bas :

— Pure alors, cette fois-ci, garçon. Tous ces sirops m'alourdissent l'estomac.

Et il reprit dans les termes suivants :

IV

Le lendemain, je profitai de la journée pour étudier un peu, en bon stratège, les lieux où je devais manœuvrer et les ressources qui étaient à mon service. Les carlistes eurent une belle occasion de violer la frontière ce jour-là. On ne peut pas être à la fois à ses amours et à la guerre. Bidois et Troupet purent couper des baguettes à leur aise dans les bois, ce qui fut toujours l'occupation chérie des troupiers. A mon inspection de détail, il résulta que rien n'était plus aisé que de supprimer, sans bruit, la porte qui séparait mon taudis de celui de ma bien aimée. Cette porte était, en effet, comme souvent encore dans ce pays primitif, soutenue par deux anneaux, seulement, qui venaient s'engager dans deux tiges fixées au chambranle, sans charnières vissées, et la gâche de la serrure où venait se glisser le loqueteau, fermant à clef, était si usée du haut qu'il était très aisé de l'ouvrir tout à fait, ce que j'effectuai immédiatement avec une lime. De plus, il y avait entre le pas de la porte et le plancher, un intervalle absolument suffisant pour passer les doigts. La manœuvre était donc la plus simple du monde. Il suffisait de soulever la porte, en dessous, jusqu'à ce que les anneaux sortissent des tiges du chambranle et que le loqueteau eût traversé la gâche béante. Tout était prêt pour cet exercice, je ne dis pas un mot à Pauline et je laissai venir la nuit aussi tranquillement que me le permettaient les impatiences de mon esprit et les battements de mon cœur. Ah! que vous êtes longues, journées que doit finir une journée d'amour! Que tu es lent, soleil dont le coucher doit signaler le nôtre! Et dire que si ce polisson de Josué était encore vivant, il nous ferait peut-être quelquefois la farce de t'arrêter en chemin, fiacre céleste que Dieu a pris à l'heure et qui le sait bien!

Elle était venue enfin, cette ombre si ardemment souhaitée! Le vieux avait fait le même manège que la veille. Le couple odieux avait repris son duo de bassons humains. Je me glissai en tapinois jusqu'à la bienheureuse porte et je la soulevai comme j'avais médité de le faire. Mais, au moment même où elle devenait libre de ses attaches, un mouvement maladroit de ma part lui fit perdre l'équilibre et elle me tomba lourdement sur le dos avec un fracas épouvantable et, en me couchant à plat ventre sur le plancher, Pauline poussa des cris de poule qu'on étrangle. Les deux vieux grognèrent un effroyable jurement. Me sentant perdu, je me relevai sur mes genoux et sur mes mains, pour fuir, après m'être dégagé de mon fardeau. Mais, va te faire fiche, Armand le continent ! Les ferrures de la porte et je ne sais quels méchants clous s'étaient engagés dans ma chemise et dans ma culotte que j'avais décemment gardées. La porte était rivée à mon dos, attachée à mes reins, ballante sur mon échine. Ma foi ! je me sauvai à quatre pattes, n'ayant pu m'extraire, avec mes mains, de cette carapace obstinée et l'emportant avec moi. Heureusement encore que le large huis de la grange me permit de me sauver ainsi. La clameur du couple Castelpou et de Pauline épeurée s'éteignit lentement, derrière moi, dans l'obscurité, tandis que, quadrupède non prévu par les prophètes et les naturalistes, je m'éloignais de toute la force de mes jambes doublées.

J'entendis tout à coup deux cris autour de moi :

— La tortue !

— La tortue !

C'était Bidois et Troupet, qui couraient le village après avoir cueilli beaucoup de baguettes et gris comme des bourriques, Bidois et Troupet qui, se croyant les jouets d'une hallucination, levaient les bras au ciel et étaient blêmes de terreur. — « Mon bon Bidois ! Mon bon Troupet ! » murmurai-je.

— La voix du brigadier ! fit Bidois.

— Les tortues parlent peut-être ! fit Troupet.

Un nouveau discours de ma part les tira de leur erreur et ils me délivrèrent enfin. Mais Pauline était perdue pour moi. Heureusement que, la preuve étant acquise que tous les carlistes avaient réussi à se réfugier en France, malgré mon active surveillance, on nous rappela le jour même à Pamiers, notre garnison. Je fus même encore nommé, à cette occasion, maréchal des logis.

Et le commandant se tut.

— Commandant, est-ce que nous en restons là?

— Certes, mon ami! ça me grise assez de parler pour que je n'aie pas besoin de boire. Vous m'en croirez, si vous voulez, mais la tête me tourne. Ah! c'est que moi, il ne m'en faut pas beaucoup.

FIN

TABLE

Le Lunium	3
Le Soupçon	11
Nuit d'Espagne	23
Les Confidences	35
Arabelle	45
Faites m'en autant	55
L'Antipostérité	67
Soleil couchant	77
Coco	91
Le Secret de Pascalou	101
Hildegarde	115
Le Singe instructeur	125
Le Poirier	135
L'Indiscret	147
Plein Air	157
Saya	167
Le Meunier, sa femme et l'Amant	179
Aldébaran	189
Simple mot	201
L'Horloger-Dentiste	211
Conte bourgeois	223
Les Brigands	235
Guibollet	245

Mots pour rire	257
Le Chapeau	267
Le Mari juge et partie	279
Le nouveau Déluge	289
Madame Piédamour	304
Plaisirs champêtres	314
La Tortue	324

ÉMILE COLIN — IMPRIMERIE DE LAGNY